Emil Kautzsch

Die Genesis

mit äußerer Unterscheidung der Quellenschriften

Emil Kautzsch
Die Genesis
mit äußerer Unterscheidung der Quellenschriften

ISBN/EAN: 9783743633933

Hergestellt in Europa, USA, Kanada, Australien, Japan

Cover: Foto ©Lupo / pixelio.de

Weitere Bücher finden Sie auf **www.hansebooks.com**

DIE
GENESIS

MIT ÄUSSERER UNTERSCHEIDUNG DER QUELLENSCHRIFTEN

ÜBERSETZT

VON

E. KAUTZSCH UND A. SOCIN
PROFESSOREN ZU TÜBINGEN

NAMENTLICH ZUM GEBRAUCH IN AKADEMISCHEN VORLESUNGEN

FREIBURG I. B. 1888
AKADEMISCHE VERLAGSBUCHHANDLUNG VON J. C. B. MOHR
(PAUL SIEBECK).

VORWORT.

Die vorliegende Uebersetzung will in erster Linie einem praktischen Bedürfnis dienen. Die Herausgeber haben es je länger, je mehr als einen Missstand empfunden, dass man bei Vorlesungen über die Genesis genötigt ist, so viele Zeit auf die litterarkritische Analyse des Textes zu verwenden. Diesem Uebelstand schien am besten durch eine fortlaufende Uebersetzung des Textes mit möglichst deutlicher Unterscheidung seiner Bestandteile abgeholfen. So wird nicht nur ein rascher Ueberblick über den Inhalt der einzelnen Quellenschriften, sondern auch ein Einblick in die oft merkwürdige Art ihrer Zusammenflechtung, sowie in die Erweiterung des Textes durch Redaktionszusätze gewonnen. Wo es irgend möglich war, ist die Uebersetzung so eingerichtet, dass jeweilen wenigstens die Quelle, die aller Wahrscheinlichkeit nach von dem Redaktor vollständig aufgenommen wurde, fortlaufend als ein Ganzes gelesen werden kann (so z. B. Q 6, 9 ff.. und sonst). In einigen Fällen ist es sogar gelungen, den Kontext mehrerer einzelner Quellen inmitten eines längeren Abschnittes zur Anschauung zu bringen.

In der Analyse selbst haben wir auf jenen äussersten Scharfsinn, der alle Gräschen wachsen hören will, verzichtet. Soweit möglich, sind unterschieden J, E und Q. Die Unterscheidung von J¹ und J² in der Urgeschichte will nichts weiter, als die Thatsache konstatieren, dass gewisse Abschnitte von J nicht unmittelbar nacheinander von derselben Hand geschrieben sein können. Im übrigen sind wir nach Kräften bemüht gewesen, in allen kritischen Fragen, die noch nicht als absolut spruchreif gelten können, eine neutrale Stellung einzunehmen. Demgemäss haben wir uns auch nach reiflichster Ueberlegung nicht entschliessen können, eine Unterscheidung der Zusätze, die etwa dem Redaktor von J und E oder dem letzten Redaktor (R^q) zuzuschreiben sind, zu versuchen. Zwar teilen wir auch die Ueberzeugung, dass ein besonderer Redaktor von J und E (JE^r) keine blosse Fiktion ist. Aber die reinliche Ausscheidung seiner Zuthaten wäre nur unter mancherlei Klauseln möglich. Wir haben daher vorgezogen, die in den Kolumnenüberschriften mit R bezeichnete Schrift in verschiedenen Fällen anzuwenden: 1) für eigentliche Redaktionszusätze, sei es von JE^r oder von R^q (z. B. 26, 15. 18 u. a.); 2) zur Hervorhebung jüngerer Bestandteile, die von JE^r (jedenfalls aber von R^q) bereits vorgefunden oder anderswoher beigefügt wurden (z. B. 2, 10—14; 15, 12 ff.; 19, 17 ff. und 30 ff.; 22, 14 ff. u. a.); 3) zur Hervorhebung einzelner Wörter oder Satzteilchen, die zwar an sich einer der Hauptquellen angehören, aber von R^q in den Kontext einer heterogenen Quellenschrift (z. B. 7, 9. 23 Zusätze aus Q in J) eingeflochten sind. Dagegen dient kleinste Schrift (2, 19; 7, 6; 15, 2 u. a.) zur Kenntlichmachung solcher Glossen, die erst spät, d. h. nach R^q) als richtige oder irrige Deutungen einzelner Wörter in den Text eingedrungen sind.

Die Scheu vor kritischer Anmassung hat uns bisweilen bewogen, kleinere Abschnitte, die unverkennbar komponiert sind, in Bausch und Bogen der jeweilen überwiegenden Quelle zuzuschreiben, oder auch — wo es sich um J und E handelte — durch eine besondere Schrift die Unmöglichkeit weiterer Analyse zu konstatieren. Doch geben in solchen Fällen immer die Anmerkungen nähere Auskunft.

Ein anderweitiger Hauptzweck unserer Arbeit war die „neue" Uebersetzung des Textes. Es schien uns längst hoch an der Zeit zu sein, dass man auch auf dem Gebiete des Alten Testaments den Versuch wage, mit welchem K. Weizsäcker seit 1874 mit seiner Uebersetzung des Neuen Testaments so erfolgreich vorangegangen ist. Wir haben ihn gewagt und sind sogar, wie uns das die Eigenart des hebräischen Textes zu erfordern schien, noch erheblich über jenes Vorbild hinausgegangen. Mögen Uebersetzungen, welche ihrer Vorlage möglichst Wort für Wort nachgehen, für den Zweck der ersten Orientierung über den genauen Wortlaut des Grundtextes allezeit unentbehrlich sein, immer sind sie doch nur die Vorarbeit für eine wahrhafte Wiedergabe des Originals. Insbesondere ist die vermeintliche „Treue" der Uebersetzung in vielen Fällen nichts als ein blosser Schein. Auch die schärfste Photographie lässt ein höchst Wesentliches, nämlich die Farben des Originals, vermissen — ebenso jede sogenannte „wörtliche" Uebersetzung. Dass damit ein gefährlicher Grundsatz ausgesprochen ist, wissen wir auch. Es wird sich eben darum handeln, ob die Farben, die der Uebersetzer aufträgt, wirklich die des Originals sind. Ein Urteil darüber ist oft sehr schwierig und jedenfalls nur auf Grund genauester Sprachkenntnis und eines Gefühls für die syntaktischen Feinheiten möglich, wie es nur durch lange Uebung und zwar in der Beschäftigung mit mehreren semitischen Dialekten erworben wird. Je höher sich nun die Herausgeber ihr Ziel gesteckt, desto mehr haben sie auch die ganze Schwierigkeit der Aufgabe kennen gelernt und verzichten gern auf den Anspruch, etwas vollkommenes geleistet zu haben. Dagegen dürfen sie einen anderen Anspruch voll erheben, dass nämlich der Leser auch bei ganz befremdlichen Stellen der Uebersetzung (und deren dürften nicht wenige sein) erst dann zu einem Verdammungsurteil schreite, wenn er sich über die Motive, von denen die Uebersetzer geleitet wurden, völlig klar geworden ist und zugleich etwas Besseres vorzuschlagen weiss. Denn in allen Fällen beruht die schliesslich von uns vereinbarte Uebersetzung auf einer wiederholten und mit peinlicher Genauigkeit auf alle Möglichkeiten eingehenden Durchsprechung des Textes. Sehr oft wurden wir dabei und in hohem Grade durch die Einstimmigkeit überrascht, mit welcher scheinbar seltsame Vorschläge von beiden zugleich gemacht wurden.

Zu den unumgänglichen Freiheiten in einer wirklich „treuen" Uebersetzung rechnen wir in erster Linie die Wiedergabe eines und desselben Wortes mit wechselnden Ausdrücken, je nach dem Zusammenhang und (was oft ganz vergessen wird) nach dem Charakter der Quellenschrift, in der sich das Wort findet. Welche Fülle von Verkehrtheiten ist nicht z. B. in die sogen. biblischen Psychologien dadurch hereingekommen, dass man Begriffe, wie ruach, nephesch, leb ein für allemal mit demselben Ausdruck wiedergab! Wir haben daher kein Bedenken getragen, oft sogar kurz nach einander, wo es Kontext und Sprachfarbe forderten, verschiedene Ausdrücke und selbst (so z. B. bei בְּרִית) Umschreibungen zu verwenden.

Eine zweite Freiheit betrifft die einfache Weglassung solcher Wörter, die für das hebräische Sprachbewusstsein sichtlich nur zur Kompletierung des mit ihnen verbundenen Ausdrucks dienen, durch die wörtliche Uebersetzung aber sofort eine Wichtigkeit und selbständige Bedeutung bekommen, die dem Grundtext ganz fernliegt. So kann man hebr. הִנֵּה doch nur dann sklavisch immer wieder mit „siehe!" übersetzen, wenn man noch nichts von arab. *inna* gehört hat, oder ויקח ausnahmslos in allen Fällen mit „da nahm er" oder ויקם mit „da machte er sich auf" oder וישא עיניו mit „da hob er seine Augen auf," wenn man ganz übersieht, dass diese Wendungen (in Verbindung mit einem zweiten Imperf. consec.!) in Wahrheit nichts weiter sind, als ein vorläufiger Hinweis auf die nachfolgende Haupthandlung.

Drittens aber bedarf es bisweilen grosser Freiheiten, um den eigentlichen Sinn des in wörtlicher Uebersetzung schlechthin unverständlichen Textes klar zu stellen. In solchen Fällen sind wir dann vor nichts zurückgeschreckt, selbst nicht vor Fremdwörtern (z. B. 3, 6. 12, 19. 23, 16. 26, 26), obschon deren Verwendung nur durch den zunächst rein wissenschaftlichen Zweck unserer Arbeit entschuldigt werden mag. So haben wir gleich 1, 1, nachdem wir uns einmal für die Verbindung von V. 1—3 entscheiden mussten, in der Wiedergabe des בראשית rückhaltslos durchgegriffen; ebenso 3, 8 und 10 bei קוֹל, 8, 1 und 19, 29 bei ויזכר und in zahlreichen ähnlichen Fällen. In Fällen, wie 31, 20, ist kurzer Hand die im Deutschen total missverständliche Wendung durch eine andere ersetzt. Auch kleine Zusätze, die im Kontext hinlänglich begründet und für das Verständnis unentbehrlich schienen, sind ohne weiteres in die Uebersetzung aufgenommen. Dagegen sind solche Zuthaten, die ohne einen direkten Anhalt im Text nur zur Verdeutlichung desselben dienen, in eckige Klammern eingeschlossen. Uebrigens sind wir nach Kräften bemüht gewesen, das Kolorit des jetzt vorliegenden Textes, z. B. durch die Nachahmung von schwerfälligen Konstruktionen, wie sie namentlich

Q eigen sind, oder von Satzverschlingungen, wie sie durch die Komposition der Quellen entstanden sind, wiederzugeben. In solchen Fällen endlich, wo kein Mensch den gegenwärtigen Text übersetzen kann, haben wir gleichfalls auf eine Uebersetzung verzichtet und die Lücke durch Punkte kenntlich gemacht.

Dass die Transkription der Eigennamen nicht mit absoluter Konsequenz durchgeführt werden konnte, bitten wir mit dem Mangel an entsprechenden Typen in den betreffenden Alphabeten zu entschuldigen.

Von Abkürzungen sind in den Anmerkungen verwendet: LXX für die griech. Uebersetzung der sogen. 70 Dolmetscher (Septuaginta); Targ. für den nach Onkelos benannten aramäischen Targum; Syr. für die Syrische Uebersetzung (die sogen. Peschitta); Sam. für den (hebr.) Pentateuch der Samaritaner. Die ohne weiteren Zusatz citierten Namen weisen auf Dillmann, die Genesis, 5. Aufl. (Lpz. 1886); Wellhausen, die Komposition des Hexateuchs, in „Jahrbb. für deutsche Theologie" Jahrg. 1876, S. 392 ff. (wieder abgedruckt in Heft II der „Skizzen und Vorarbeiten", Berl. 1885); A. Kuenen, historisch-critisch onderzoek naar het ontstaan en de verzameling van de boeken des ouden verbonds. I (2. Aufl. Leiden [1884 ff.] 1887; auch deutsch von Weber, Lpz. 1885 ff.); Budde, die bibl. Urgeschichte (Giessen 1883).

E. Kautzsch. A. Socin.

ERKLÄRUNG DER ZEICHEN.

In dieser Schrift ist Q (bei Dillmann A, bei andern „die Grundschrift" oder „der Elohist" oder PC, b. i. der Priestercodex, bei Kuenen P²) gesetzt.

In dieser Schrift (J²) ist der sogen. Jehovist, richtiger Jahvist (bei Dillmann C) gesetzt.

In dieser Schrift (J¹) ist eine besondere, wahrscheinlich ältere Schicht innerhalb J gesetzt.

In dieser Schrift ist E, der mit J verwandte [ältere] Elohist (bei Dillmann B), gesetzt.

Diese Schrift ist für solche Stücke von JE verwendet, deren bestimmte Zuweisung an eine der beiden Quellen unmöglich ist.

Diese besondere Schrift ist nur für Kap. 14 verwendet.

Diese Schrift (R) dient zur Unterscheidung von allerlei redaktionellen Zusätzen zum ursprünglichen Text, sowie ganzer Abschnitte, in denen der Redaktor selbständig thätig war.

Diese Schrift dient zur Hervorhebung jüngster in den Text eingedrungener Glossen.

¹ Dereinst, als¹) Elohim den Himmel und die Erde schuf — ² es war aber die Erde Einöde und Wüstenei, und Finsternis lag auf dem Ozean und der Geist Elohims schwebte über dem Gewässer — ³ da gebot Elohim: es entstehe Licht! Da entstand Licht. ⁴ Und Elohim befand das Licht gut und Elohim trennte das Licht von der Finsternis. ⁵ Und Elohim nannte das Licht Tag, die Finsternis aber nannte er Nacht. Und es wurde Abend und es wurde Morgen, ein erster Tag. ⁶ Da gebot Elohim: es entstehe ein Firmament inmitten der Gewässer und bilde eine Scheidewand zwischen den verschiedenen Gewässern. ⁷ Da schuf Elohim das Firmament als eine Scheidewand zwischen den Gewässern unterhalb des Firmaments und den Gewässern oberhalb des Firmaments, und es geschah so²). ⁸ Und Elohim nannte das Firmament Himmel. Und es wurde Abend und es wurde Morgen, ein zweiter Tag. ⁹ Da gebot Elohim: es sammle sich das Wasser, welches unterhalb des Himmels ist, an einen Ort, so daß das trockene Land sichtbar wird. Und es geschah so. ¹⁰ Und Elohim nannte das trockene Land Erde, und die Ansammlung der Gewässer nannte er Meer. Und Elohim fand, daß es so gut war. ¹¹ Da gebot Elohim: die Erde lasse junges Grün aufsprossen, samentragende Pflanzen und Fruchtbäume, welche je nach ihrer Art Früchte auf Erden erzeugen, in denen sich Samen zu ihnen³) befindet. ¹² Da ließ die

---

1) Die übliche Fassung von V. 1 als selbständiger Satz ist sprachlich nicht ausgeschlossen, im Hinblick auf den syntaktischen Bau von V. 2 jedoch mindestens unwahrscheinlich.

2) „und es geschah so" bei den LXX am Schluss von V. 6, wo es nach Analogie von V. 9. 11 etc. in der That zu erwarten.

3) „zu ihnen", sc. den Bäumen.

Erde junges Grün hervorgehen, samentragende Pflanzen je nach ihrer Art und Bäume, welche Früchte trugen, in denen sich ihr Same befand, je nach ihrer Art. Und Elohim fand, daß es so gut war. ¹³ Und es wurde Abend und es wurde Morgen, ein dritter Tag. ¹⁴ Da gebot Elohim: es sollen Leuchten entstehen am Himmelsgewölbe, um den Tag und die Nacht von einander zu trennen, und sie sollen dienen zu Merkzeichen und [zur Berechnung von] Zeitterminen und Tagen und Jahren. ¹⁵ Und sollen dienen als Leuchten am Himmelsgewölbe, um die Erde von oben zu beleuchten. Und es geschah so. ¹⁶ Da schuf Elohim die beiden großen Leuchten, die große Leuchte, damit sie bei Tage das Regiment führe, und die kleine Leuchte, damit sie bei Nacht das Regiment führe, dazu auch die Sterne. ¹⁷ Und Elohim setzte sie ans Himmelsgewölbe, damit sie die Erde von oben beleuchteten, ¹⁸ und über den Tag und über die Nacht herrschten und das Licht und die Finsternis von einander trennten. Und Elohim fand, daß es so gut war. ¹⁹ Und es wurde Abend und es wurde Morgen, ein vierter Tag. ²⁰ Da befahl Elohim: es soll in den Gewässern wimmeln von lebendigem Getier, lebendigen Wesen, und Vögel sollen über der Erde hinfliegen am Himmelsgewölbe. ²¹ Da schuf Elohim die großen Seetiere und alle die lebenden Wesen, die sich herumtummeln und von denen es im Wasser wimmelt, je nach ihrer Art; dazu alle Flügeltiere je nach ihrer Art. Und Elohim fand, daß es so gut war. ²² Da segnete sie Elohim, indem er sprach: Pflanzt euch fort, daß ihr zahlreich werdet, und bevölkert die Gewässer im Meere; und auch die Vögel sollen sich mehren auf Erden. ²³ Und es wurde Abend und es wurde Morgen, ein fünfter Tag. ²⁴ Da befahl Elohim: die Erde bringe hervor lebendige Wesen je nach ihrer Art, zahmes Vieh, Reptilien und wilde Tiere je nach ihrer Art. Und es geschah so. ²⁵ Da schuf Elohim die wilden Tiere je nach ihrer Art und das zahme Vieh je nach seiner Art und alle Tiere, die auf dem Boden kriechen, je nach ihrer Art. Da fand Elohim, daß es so gut war.

²⁶ Da sprach Elohim: Laßt uns Menschen machen als ein Abbild von uns, das uns gleicht, und sie sollen frei schalten über die Fische im Meere und über die Vögel am Himmel und über die zahmen und wilden Tiere⁴) und über alle Reptilien, die auf

---

4) Lies mit dem Syrer (nicht LXX) ובכל־חית הארץ.

der Erde umherkriechen. ²⁷ Und Elohim schuf den Menschen als sein Abbild, als ein Abbild Elohims schuf er ihn; in Gestalt eines Mannes und eines Weibes schuf er sie. ²⁸ Da segnete sie Elohim und Elohim sprach zu ihnen: „Pflanzt euch fort, daß ihr zahlreich werdet, und bevölkert die Erde und macht sie euch unterthan und schaltet über die Fische im Meere und die Vögel unter dem Himmel und über alles Getier, das sich auf Erden tummelt." ²⁹ Da sprach Elohim: „Hiermit weise ich euch alle samentragenden Pflanzen an, die allenthalben auf Erden wachsen, dazu alle Bäume mit samenhaltigen Früchten — das sei eure Nahrung! ³⁰ Dagegen allen Tieren auf der Erde und allen Vögeln am Himmel und allen Reptilien auf der Erde, [allem] was da lebt, [bestimme ich] alles Gras und Kraut zur Nahrung. Und es geschah so. ³¹ Da fand Elohim, daß alles, was er geschaffen, vollkommen sei; und es wurde Abend und es wurde Morgen, der sechste Tag.

¹ So wurde fertig der Himmel und die Erde mit allem, was zu ihnen gehört. ² Und Elohim schloß am siebenten Tage seine Schöpferarbeit ab und ruhte am siebenten Tage aus von all' seiner Schöpferarbeit. ³ Und Elohim segnete den siebenten Tag und erklärte ihn für heilig, weil er an ihm geruht von aller seiner Arbeit, in welcher er, Elohim, schöpferisch thätig gewesen war. ⁴ Dies ist die Entstehung[sgeschichte] des Himmels und der Erde, als sie geschaffen wurden.

..... *als Jahve* Elohim *Erde und Himmel schuf —* ⁵ *aber es gab noch kein Gesträuch auf Erden und waren noch keine Pflanzen auf den Fluren gewachsen, denn Jahve* Elohim *hatte noch keinen Regen auf die Erde fallen lassen; auch waren noch keine Menschen da, um den Boden zu bebauen;* ⁶ *aber ein Nebel stieg von der Erde auf und befeuchtete die ganze Fläche des Erdbodens —* ⁷ *da formte Jahve* Elohim *den Menschen aus Erde vom Ackerboden und blies in seine Nase Lebensodem; so wurde der Mensch ein lebendiges Wesen.* ⁸ *Hierauf pflanzte Jahve* Elohim *einen Baumgarten an in 'Eden im [fernen] Osten und brachte den Menschen, den er gebildet hatte, dorthin.* ⁹ *Sodann liess Jahve* Elohim *allerlei Bäume aus dem Boden emporwachsen, die lieblich anzusehen und [deren Früchte] wohlschmeckend waren; dazu auch den Baum des Lebens mitten im Garten* und⁵) den Baum der Erkenntnis von Gut und Böse. ¹⁰ Und⁶) ein Strom entsprang in 'Eden zur Bewässerung des Gartens; sodann teilte er sich dort und zwar in vier Arme. ¹¹ Der erste derselben heißt Pischon, das ist der, welcher die ganze Chavila umfließt, woselbst sich das Gold findet. ¹² Und das Gold dieses Landes ist vortrefflich; dort finden sich auch Bedolachharz und Schohamsteine. ¹³ Und der zweite Fluß heißt Gichon; das ist der, welcher ganz Kusch umfließt. ¹⁴ Und der dritte Fluß heißt Chiddeqel; das ist der, welcher an Aschur entlang fließt; der vierte Fluß endlich ist der Perat. ¹⁵ *Da nahm Jahve Elohim den Menschen und versetzte ihn*⁷) *in den Garten 'Eden, ihn zu bebauen und zu bewachen.* ¹⁶ *Und Jahve Elohim gab dem Menschen die Weisung: „Von jedem Baume im Garten kannst du nach Belieben essen;* ¹⁷ *dagegen von dem Baume der Erkenntnis von Gut und Böse — von dem darfst du nicht essen; denn sobald du davon issest, musst du sterben!"* ¹⁸ *Da erwog Jahve Elohim: es taugt nicht für den Menschen, allein zu sein; ich will ihm einen Beistand schaffen, der ihm entspricht.* ¹⁹ *Da formte Jahve Elohim aus Erdreich alle Tiere auf der Erde und alle Vögel unter dem Himmel und brachte sie zum Menschen, um zu sehen, wie er sie benennen würde, und wie der Mensch ein jedes* Lebewesen *benennen würde, so sollte es heissen.* ²⁰ *Da gab der Mensch allen zahmen Tieren, allen Vögeln unter dem Himmel und allen wilden Tieren Namen; aber für einen Menschen fand er keinen Beistand, der ihm entsprochen hätte.* ²¹ *Da liess Jahve Elohim den Menschen in einen tiefen Schlaf fallen, und nachdem er eingeschlafen war, nahm er eine von seinen Rippen und füllte ihre Stelle mit Fleisch aus.* ²² *Sodann gestaltete Jahve Elohim die Rippe, welche er dem Menschen entnommen hatte, zu einem Weibe und führte sie dem Menschen zu.* ²³ *Da sprach der Mensch: „Ja, dies ist endlich Gebein von meinem Gebein und*

---

5) Unverkennbar hinken diese letzten Worte des Verses dem Uebrigen nach; einer der beiden Bäume scheint dem ursprünglichen Kontext fremd zu sein; vergl. jedoch auch Note 8.

6) Dafür, dass V. 10—14 eine (allerdings alte) Zuthat ist, spricht abgesehen von anderen Gründen die sichtliche Wiederaufnahme von V. 8 in V. 15.

7) ויניחהו V. 15 scheint ursprünglicher, als die Duplette וישם שם V. 8; dagegen ist גן עץ V. 15 offenbar sekundär gegenüber גן בעדן V. 8.

Fleisch von meinem Fleisch; die soll ischa (Weib) heissen, denn einem isch (Mann) ist sie entnommen!" ²⁴ *Darum wird einer seinen Vater und seine Mutter lassen und seinem Weibe anhangen, so dass sie wie zu einem Leibe werden.* ²⁵ *Und obschon beide, der Mann und das Weib, nackt waren, schämten sie sich nicht vor einander.*

¹ *Die Schlange jedoch war listig wie keines der anderen Tiere, welche Jahve Elohim geschaffen hatte, und sie sprach zum Weibe: „Hat Elohim wirklich gesagt, dass ihr von gar keinem Baume des Gartens essen dürft?"* ² *Da antwortete das Weib der Schlange: „Von den Früchten der Bäume im Garten dürfen wir essen;* ³ *aber von den Früchten des Baumes, der mitten im Garten steht — von denen, hat Elohim gesagt, dürft ihr nicht essen und sie [auch] nicht anrühren; sonst müsst ihr sterben!"* ⁴ *Da sprach die Schlange zum Weibe: „Ihr werdet ganz gewiss nicht sterben;* ⁵ *sondern Elohim weiss nur zu gut: sobald ihr davon esset, da werden euch die Augen aufgehen, so dass ihr elohimgleich werdet und euch verstehet auf Gut und Bös."* ⁶ *Da nun das Weib befand, dass die Früchte des Baumes appetitlich und eine Augenweide seien und begehrenswert, um durch sie klug zu werden, da pflückte sie von denselben und ass und gab auch ihrem Manne, der bei ihr war, und er ass auch.* ⁷ *Da gingen allen beiden die Augen auf und sie kamen zu der Erkenntnis, dass sie nackt seien; da nähten sie Feigenblätter zusammen und machten sich Schurze.*

⁸ *Als sie nun das Geräusch [der Tritte] Jahve Elohims hörten, der sich in der Abendkühle im Garten erging, da versteckte sich der Mensch mit seinem Weibe vor Jahve Elohim im Gesträuch.* ⁹ *Da rief Jahve Elohim den Menschen an und fragte: „Wo bist du?"* ¹⁰ *Er antwortete: „Ich hörte deine Tritte im Garten; da bekam ich Furcht, weil ich nackt bin, und versteckte mich."* ¹¹ *Da sagte er: „Wer hat dir verraten, dass du nackt bist? Gewiss hast du von dem Baume gegessen, von dem zu essen ich dir verboten hatte!"* ¹² *Der Mensch erwiderte: „Das Weib, das du mir beigesellt hast, die gab mir von den Früchten, und ich ass."* ¹³ *Da sagte Jahve Elohim zu dem Weibe: „Was hast du gethan!"* *Das Weib antwortete: „Die Schlange hat mich verführt, dass ich ass."* ¹⁴ *Da sprach*

Jahve Elohim *zur Schlange: „Weil du solches gethan, sollst du fortan verflucht dastehen unter allen zahmen und wilden Tieren: auf deinem Bauche sollst du kriechen und Erde fressen dein Leben lang!* [15] *Und es soll Feindschaft herrschen zwischen dir und dem Weibe und zwischen deinen Nachkommen und ihren Nachkommen; sie werden dir den Kopf zermalmen und du wirst ihnen die Ferse zermalmen."* [16] *Zum Weibe aber sprach er: „Ich will dir viel Schmerzen bereiten mit Schwangerschaften; unter Schmerzen sollst du Kinder gebären und sollst doch heftig nach deinem Manne verlangen; er aber soll Herr sein über dich."* [17] *Und zu Adam sprach er: „Weil du auf die Rede deines Weibes gehört und von dem Baume gegessen hast, von dem zu essen ich dir ausdrücklich verboten hatte: so soll nun der Ackerboden verflucht sein um deinetwillen; unter schwerer Mühe sollst du dich von ihm nähren Zeit deines Lebens.* [18] *Dornen und Gestrüpp soll er dir tragen und doch musst du dich von dem nähren, was auf dem Acker wächst.* [19] *Mit saurem Schweiss sollst du dein Brot gewinnen, bis du zum Erdboden zurückkehrst; denn ihm bist du entnommen. Ja, Erde bist du und zur Erde musst du zurück!"* [20] *Da gab der Mensch seinem Weibe den Namen Chavva* [8]*); denn sie wurde die Stammmutter aller [jetzt] lebenden [Menschen].* [21] *Hierauf machte Jahve* Elohim *Adam und seinem Weibe Röcke aus Fell und zog sie ihnen an.* [22] *Und Jahve* Elohim *sprach: „Fürwahr, der Mensch ist geworden wie unser einer, indem er sich nun versteht auf Gut und Bös; dass er nunmehr nur nicht etwa weitergreift und auch von den Früchten des Lebensbaumes* [9]*) isst und so unsterblich wird!* [23] *So entfernte ihn denn Jahve* Elohim *aus dem Garten 'Eden, damit er fortan den Boden bebaue, dem er entnommen war.* [24] *Da trieb er den Menschen aus und*

---

8) Dass die Benennung des Weibes an dieser Stelle befremdet, hat schon Ewald richtig bemerkt; trotzdem finden wir keinen ausreichenden Grund, den Vers für eine späte Glosse zu erklären.

9) Da hier deutlich beide Bäume vorausgesetzt werden, so müsste, wenn die in Note 5 ausgesprochene Vermutung richtig ist, auch hier eine Ueberarbeitung der ursprünglichen Fassung angenommen werden. Deutet auf eine solche vielleicht auch der auffällige Parallelismus von V. 23 und 24?

liess östlich vom Garten 'Eden die Kerube sich lagern, dazu die wechselnden Blitze des Schwertes, zur Bewachung des Zugangs zum Lebensbaume. ¹ *Der Mensch aber wohnte seinem Weibe Chawwa bei; da wurde sie schwanger und gebar den Qajin und sprach: „Ich habe einen Knaben bekommen mit Hilfe Jahves* ¹⁰*).* ² *Hierauf gebar sie abermals, den Hebel, seinen Bruder. Und Hebel wurde ein Schafhirt, Qajin aber ein Landmann.* ³ *Da geschah es nach Verlauf einiger Zeit, dass Qajin Jahve ein Ofer darbrachte von dem Ertrag des Ackers.* ⁴ *Und Hebel brachte auch seinerseits [ein Opfer] von den Erstlingen seiner Herde und zwar von ihrem Fett* ¹¹*). Und Jahve schaute mit Wohlgefallen auf Hebel und sein Opfer.* ⁵ *Auf Qajin aber und sein Opfer schaute er nicht mit Wohlgefallen; da wurde Qajin sehr ergrimmt und liess mürrisch den Kopf hängen.* ⁶ *Da sagte Jahve zu Qajin: „Warum bist du ergrimmt und warum lässest du mürrisch den Kopf hängen?* ⁷ *Ists nicht so* ¹²*): wenn es recht mit dir bestellt ist, so kannst du [ihn] frei erheben, und wenn es nicht recht mit dir bestellt ist, so lauert die Sünde vor der Thür und nach dir geht ihr Verlangen; du aber sollst Herr werden über sie!"* ⁸ *Da sagte Qajin zu seinem Bruder Hebel: [Lass uns aufs Feld gehen!* ¹³*)]; und als sie auf dem Felde waren, da griff Qajin seinen Bruder Hebel an und schlug ihn tot.* ⁹ *Da fragte Jahve Qajin: „Wo ist dein Bruder Hebel?" Er antwortete: „Ich weiss nicht; bin ich denn zum Wächter über meinen Bruder bestellt?"* ¹⁰ *Da sagte er zu ihm: „Was hast du gethan! Horch! das vergossene Blut deines Bruders schreit zu mir vom Erdboden her.* ¹¹ *Darum sollst du verflucht sein, fortgetrieben von dem Boden, der sich aufgethan hat, um das Blut deines Bruders, das deine Hand vergossen hat, in sich aufzunehmen.* ¹² *Wenn du den Boden bebaust,*

---

10) So wie der Text einmal lautet, ist obige Uebersetzung noch immer das Wahrscheinlichste; die Wortform qaniti soll offenbar die Anspielung an Qajin deutlicher machen.

11) Nach der Lesart חֶלְבֵּהֶן; vergl. Ges. § 91, 1, Anm. 1a.

12) Die nachfolgende Uebersetzung will nichts als ein Versuch sein, dem schwierigen Text einen Sinn abzugewinnen.

13) So nach fast allen alten Versionen.

so soll er dir keinen Ertrag mehr geben; ruhelos sollst du dich auf der Erde umhertreiben." ¹³ Da sprach Qajin zu Jahve: „Die Folgen meiner Verschuldung sind unerträglich schwer. ¹⁴ Wenn du mich jetzt so wegtreibst vom Ackerlande, dass ich verbannt sein muss aus deiner Nähe und mich ruhelos auf der Erde umhertreiben muss, so wird mich totschlagen, wer mich antrifft." ¹⁵ Da sprach Jahve zu ihm: „Eben darum soll, wer Qajin erschlägt, siebenfältiger Rache verfallen." Und Jahve bestimmte ein Zeichen für Qajin, damit ihn nicht erschlüge, wer ihn irgend träfe. ¹⁶ Da zog Qajin aus dem Bereich Jahves hinweg und er nahm seinen Aufenthalt im Lande Nod herwärts von 'Eden¹⁴). ¹⁷ Und Qajin wohnte seinem Weibe bei, da wurde sie schwanger und gebar den Chanokh; er [Qajin] aber wurde Begründer einer Stadt und benannte die Stadt nach dem Namen seines Sohnes Chanokh. ¹⁸ Dem Chanokh aber wurde 'Irad geboren und 'Irad erzeugte Mechuja'el und Mechija'el erzeugte Metuscha'el und Metuscha'el erzeugte Lemekh. ¹⁹ Lemekh aber nahm sich zwei Weiber; die eine derselben hiess 'Ada, die andere Șilla. ²⁰ Und 'Ada gebar den Jabal; dieser wurde der Stammvater der Zeltbewohner und Viehzüchter¹⁶). ²¹ Sein Bruder aber hiess Jubal; dieser wurde der Stammvater aller derer, die Zither und Schalmei handhaben. ²² Und Șilla gebar gleichfalls, nämlich den Tubalqajin, [den Stammvater] aller derer, die Erz und Eisen bearbeiten¹⁶); die Schwester des Tubalqajin aber war Na'ama. ²³ Da sprach Lemekh zu seinen Weibern: 'Ada und Șilla, hört meinen Spruch; ihr Weiber Lemekhs, vernehmt meinen Sang! Einen Mann erschlage ich¹⁷) für eine Wunde, die mir geschlagen, und einen Jüngling für eine Strieme. ²⁴ Wenn Qajin siebenfältig gerächt werden soll, so Lemekh sieben und siebzig mal."

²⁵ Und Adam wohnte abermals seinem Weibe bei; da ge-

---

14) Schwerlich nach der herrschenden Auffassung „östlich von 'Eden.

15) Der Text ist ohne Zweifel korrupt; wahrscheinlich ist das Regens von מקנה ausgefallen.

16) Nach dem Kontext ist kaum zu bezweifeln, dass אב vor כל ausgefallen ist; לטש ist wohl nur alte Glosse zu חרש.

17) Näher liegt allerdings „erschlug ich"; die Aussage müsste sich dann auf ein Faktum beziehen, welches uns im jetzigen Kontext unverständlich bleibt.

bar sie einen Sohn und nannte ihn Schet; denn „Elohim hat mir anderweitige Nachkommenschaft gesetzt ¹⁸) an Stelle Hebels, da Qajin ihn erschlagen hat". ²⁶ Und auch Schet wurde ein Sohn geboren; den nannte er 'Enosch; damals begann man mit der Verehrung [Gottes] unter dem Namen Jahve.

¹ Dies ist die Urkunde über die Nachkommen Adams; als 5 Elohim Adam erschuf, da erschuf er ihn Elohim ähnlich; ² in Gestalt eines Mannes und eines Weibes schuf er sie; alsdann segnete er sie und gab ihnen den Namen Mensch damals, als sie geschaffen wurden. ³ Als nun Adam 130 Jahre alt war, erzeugte er [einen Sohn], der ihm glich und sein Abbild war; dem gab er den Namen Schet. ⁴ Nach der Erzeugung des Schet aber lebte Adam noch 800 Jahre und erzeugte Söhne und Töchter. ⁵ Und die gesamte Lebensdauer Adams belief sich somit auf 930 Jahre, sodann starb er. ⁶ Als nun Schet 105 Jahre alt war, da erzeugte er Enosch. ⁷ Nach der Erzeugung des Enosch aber lebte Schet noch 807 Jahre und erzeugte Söhne und Töchter. ⁸ Und die gesamte Lebensdauer Schets belief sich somit auf 912 Jahre; sodann starb er. ⁹ Als nun Enosch 90 Jahre alt war, da erzeugte er Qenan. ¹⁰ Nach der Erzeugung Qenan's aber lebte Enosch noch 815 Jahre und erzeugte Söhne und Töchter. ¹¹ Und die gesamte Lebensdauer des Enosch belief sich somit auf 905 Jahre; sodann starb er. ¹² Als nun Qenan 70 Jahre alt war, da erzeugte er Mahalalel. ¹³ Nach der Erzeugung Mahalalel's aber lebte Qenan noch 840 Jahre und erzeugte Söhne und Töchter. ¹⁴ Und die gesamte Lebensdauer Qenans belief sich somit auf 910 Jahre; sodann starb er. ¹⁵ Als nun Mahalalel 65 Jahre alt war, da erzeugte er Jered. ¹⁶ Nach der Erzeugung Jered's aber lebte Mahalalel noch 830 Jahre und erzeugte Söhne und Töchter. ¹⁷ Und die gesamte Lebensdauer Mahalalel's belief sich somit auf 895 Jahre; sodann starb er. ¹⁸ Als nun Jered 162 Jahre alt war, da erzeugte er Chanokh. ¹⁹ Nach der Erzeugung Chanokhs aber lebte Jered noch 800 Jahre und erzeugte Söhne und Töchter. ²⁰ Und die gesamte Lebensdauer

---

18) Der schwerfällige Ausdruck „hat gesetzt" entspricht dem in diesem Zusammenhang gleichfalls ungewöhnlichen hebr. שָׁת, welches der Etymologie von שֵׁת zu Liebe gewählt ist.

Jered's belief sich somit auf 962 Jahre; sodann starb er. ²¹ Als nun Chanokh 65 Jahre alt war, da erzeugte er Metuschelach. ²² Nach der Erzeugung Metuschelach's aber führte Chanokh seinen Wandel [weiter] in Gemeinschaft mit Elohim 300 Jahre. ²³ Und die gesamte Lebensdauer Chanokhs belief sich somit auf 365 Jahre. ²⁴ Und weil Chanokh also in Gemeinschaft mit Elohim gewandelt hatte; verschwand er einst [plötzlich]: Elohim hatte ihn hinweggenommen. ²⁵ Als nun Metuschelach 187 Jahre alt war, erzeugte er Lemekh. ²⁶ Nach der Erzeugung Lemekh's aber lebte Metuschelach noch 782 Jahre und erzeugte Söhne und Töchter. ²⁷ Und die gesamte Lebensdauer Metuschelachs belief sich somit auf 969 Jahre; sodann starb er. ²⁸ Als nun Lemekh 182 Jahre alt war, da erzeugte er einen Sohn. ²⁹ *Dem gab er den Namen Noch, indem er sagte: „Dieser wird uns aufatmen lassen von unserer Arbeit und der sauren Mühe, die [uns] der Erdboden verursacht, den Jahve verflucht hat."* ³⁰ Nach der Erzeugung Noch's aber lebte Lemekh noch 595 Jahre und erzeugte Söhne und Töchter. ³¹ Und die gesamte Lebensdauer Lemekh's belief sich somit auf 777 Jahre, sodann starb er. ³² Als nun Noch 500 Jahre alt war, da erzeugte Noch den Schem, den Cham und den Jephet.

6   ¹ *Als nun die Menschen anfiengen, sich zu vermehren auf der Erde und ihnen Töchter geboren wurden,* ² *da schauten die Elohimsöhne nach den Menschentöchtern [und fanden], dass sie schön waren, und nahmen sich zu Weibern, wer ihnen irgend gefiel.* ³ *Da sprach Jahve: „Mein Geist soll nicht auf unabsehbare Zeit im Menschen walten; ... er ist Fleisch und seine Lebensdauer betrage [fortan] 120 Jahre.* ⁴ *In jener Zeit waren die Riesen auf der Erde und auch nach dem Zeitpunkt, wo die Elohimsöhne sich mit den Töchtern der Menschen verbanden und diese ihnen gebaren — das sind die Giganten, die in uralten Zeiten hochgefeiert waren.*

⁵ *Da nun Jahve befand, dass die Uebelthaten der Menschen sich häuften und all ihr Sinnen und Trachten immerfort nur böse war,* ⁶ *da bereute Jahve, die Menschen auf der Erde geschaffen zu haben und war schwer bekümmert.* ⁷ *Da dachte Jahve: „ich will die Menschen, die ich erschaffen habe, wegtilgen von der Erde sowohl Menschen als Vierfüßler, als Reptilien und selbst*

die Vögel unter dem Himmel; *denn es reut mich, sie geschaffen zu haben."* ⁸ *Noch jedoch hatte Gnade bei Jahve gefunden.*
⁹ Dies ist die Familiengeschichte Noch's. Noch war ein gerechter und unsträflicher Mann unter seinen Zeitgenossen; in Gemeinschaft mit Elohim führte Noch seinen Wandel. ¹⁰ Und Noch erzeugte drei Söhne: Schem, Cham und Jephet. ¹¹ Aber die Erde zeigte sich immer verderbter vor Elohim, und die Erde wurde voll von Frevelthaten. ¹² Da befand Elohim, daß die Erde in der That verderbt sei; denn jedermann auf der Erde war auf gar schlimme Wege geraten. ¹³ Da sprach Elohim zu Noch: „Ich bin entschlossen, ein Ende zu machen mit allen Geschöpfen; denn die Erde ist voll von Frevelthaten, die sie verüben; so will ich sie denn samt ¹⁹) der Erde vertilgen. ¹⁴ Baue dir ein Schiff aus Pinienholz mit lauter Zellen und verpiche es inwendig und auswendig mit Harz. ¹⁵ Und zwar sollst du es nach folgenden Maßen bauen: 300 Ellen betrage die Länge des Schiffes, 50 Ellen seine Breite und 30 Ellen seine Höhe. ¹⁶ Eine Lichtöffnung sollst du oben an dem Schiff herstellen, eine Elle weit, und den Eingang zum Schiff sollst du an seiner Seite anbringen; in drei Stockwerken mit lauter einzelnen Gelassen sollst du es erbauen. ¹⁷ Denn ich stehe jetzt im Begriff, die Flut Wasserflut über die Erde hereinbrechen zu lassen, um alle Geschöpfe unter dem Himmel, die lebendigen Odem in sich haben, zu vernichten; alles was auf Erden ist, soll sein Leben aushauchen. ¹⁸ Dir gegenüber aber will ich folgende Verfügung ²⁰) in Kraft treten lassen, daß du samt deinen Söhnen und deinem Weibe und deinen Schwiegertöchtern in das Schiff hineingehen sollst. ¹⁹ Und von allen lebenden Wesen, von allen Geschöpfen sollst du je zwei von allen mit hineinnehmen in das Schiff, um sie bei dir am Leben zu erhalten; je ein Männchen und ein Weibchen soll es sein. ²⁰ Von den Vögeln je nach ihrer Art, von den zahmen Tieren je nach ihrer Art, von allen Reptilien je nach

---

19) Für את wird allerdings mit Olshausen מן zu lesen sein: von der Erde.

20) „Verfügung" — ein Notbehelf, um den eigentlichen Sinn des hebr. ברית in Ermangelung eines entsprechenden deutschen Wortes einigermassen verständlich zu machen. Darnach kann, was im voraus bemerkt sein mag, nicht davon die Rede sein, dass ברית überall mit demselben Ausdruck wiederzugeben wäre.

ihrer Art sollen immer zwei zu dir in das Schiff eingehen, damit sie am Leben bleiben. ²¹ Du aber beschaffe dir Vorrat von allem, was man essen kann, und speichere ihn bei dir auf, daß er dir und ihnen zur Nahrung diene. ²² Da that Noch ganz wie ihm Elohim geheißen hatte — so that er.

7 ¹ *Da gebot Jahve dem Noch: „Begieb dich samt deiner ganzen Familie hinein in das Schiff; denn dich habe ich rechtschaffen vor mir erfunden in der gegenwärtigen Generation.* ² *Von allen reinen Tieren nimm zu dir je sieben, jedesmal ein Männchen mit seinem Weibchen, und von den nicht reinen Tieren [nur] je zwei, je ein Männchen mit seinem Weibchen.* ³ *Auch von den Vögeln unter dem Himmel je sieben,* ein Männchen und ein Weibchen, *damit allenthalben auf der Erde ein Stamm erhalten bleibe* ²¹). ⁴ *Denn in sieben Tagen werde ich's regnen lassen auf Erden vierzig Tage und vierzig Nächte lang, um alles Bestehende, das ich geschaffen habe, von der Erde wegzutilgen.* ⁵ *Da that Noch ganz so, wie ihm Jahve geheissen hatte.* ⁶ Und Noch war sechshundert Jahre alt, als die Flut Wasserflut über die Erde kam. ⁷ *Da ging Noch samt seinen Söhnen, seinem Weibe und seinen Schwiegertöchtern hinein in das Schiff, [um sich zu retten] vor den Gewässern der Flut.* ⁸ *Von den reinen Tieren und von den nicht reinen Tieren und von den Vögeln und von allem, was auf dem Boden kriecht,* ⁹ *gingen je zwei,* ein Männchen und ein Weibchen, *zu Noch in das Schiff, wie* Elohim ²²) *Noch geboten hatte.* ¹⁰ *Und nach Ablauf*

---

21) Dass in V. 3 der Redaktor eingegriffen hat, ist durch זכר ונקבה für איש ואשתו zur Genüge bewiesen. Die verschiedene Auffüllung des Verses bei LXX und Sam. mag auf Reflexion beruhen. Da aber nach 8, 20 J ohne Zweifel bei der Besiedelung der Arche auch der reinen Vögel gedacht hat, בהמה aber in V. 2 schwerlich auch die Vögel mitbefasst, so begnügen wir uns damit, זכר ונקבה dem R zuzuweisen.

22) Sam. Targ. Vulg. (letztere wohl auf Grund von LXX-Handschriften) יהוה — sicherlich das Ursprüngliche. Dass V. 7—9 in der Hauptsache J zu Grunde liegt, aber in der Redaktion von R (von welchem vielleicht in V. 7 die ausführliche Aufzählung statt des einfacheren יבית — vergl. V. 1 — herstammt), beweist schon die Diskrepanz zwischen den reinen Tieren V. 8 und der Zweizahl V. 9.

der sieben Tage, da kamen die Gewässer der Flut über die Erde. ¹¹ Im sechshundertsten Lebensjahre Noch's, im zweiten Monat, am siebzehnten Tag des Monats, an diesem Tage brachen überall die Sprudel des Ozeans durch und thaten sich auf die Gitter am Himmel. ¹² *Da strömte der Regen auf die Erde vierzig Tage und vierzig Nächte lang.* ¹³ An eben diesem Tage gingen Noch und Schem, Cham und Jephet, die Söhne Noch's, und das Weib Noch's und seine drei Schwiegertöchter mit ihnen in das Schiff, ¹⁴ sie und alle wilden Tiere nach ihrer Art und alle zahmen Tiere nach ihrer Art und alle Reptilien, die auf der Erde kriechen, nach ihrer Art und alle Vögel nach ihrer Art, samt und sonders, klein und groß. ¹⁵ Die gingen hinein zu Noch in das Schiff je zwei von allen Geschöpfen, die lebendigen Odem in sich hatten. ¹⁶ Und was einging, das war je ein Männchen und ein Weibchen aus allen Geschöpfen, wie Elohim ihm geheißen hatte. *Da schloss Jahve hinter ihm zu*²³). ¹⁷ Da kam die Flut vierzig Tage über die Erde *und das Wasser stieg und hob das Schiff empor, so dass es über der Erde schwebte.* ¹⁸ Und die Gewässer nahmen zu und stiegen hoch empor über die Erde; da fuhr das Schiff dahin auf der Wasserfläche. ¹⁹ Und die Gewässer stiegen überaus hoch über die Erde empor, so daß alle die hohen Gebirge allerorten unter dem Himmel überschwemmt wurden. ²⁰ Fünfzehn Ellen hoch stieg das Wasser darüber empor, so daß die Gebirge überschwemmt waren. ²¹ Da kamen um alle Geschöpfe, die sich auf der Erde regten, an Vögeln und zahmen und wilden Tieren, und alles Gewürm das auf Erden kroch, samt allen Menschen. ²² *Alles, was Lebensodem in seiner Nase trug, soweit es auf dem Trockenen war, das starb.* ²³ So vertilgte [Jahve] alles Bestehende, was auf dem Erdboden war, sowohl die Menschen, als die großen Tiere, als die Reptilien und die Vögel unter dem Himmel — die wurden weggetilgt von der Erde, so dass *nur Noch übrig blieb und was bei ihm*

Mit dem redaktionellen Eingriff hängt auch die jetzige Stellung von V. 10 zusammen, der ursprünglich vor V. 7 gestanden haben muss (Einzug Noch's nach J; vergl. V. 13 den Einzug nach Q).

23) Aus obiger Quellenscheidung ergibt sich von selbst, dass V. 16 c, welches R hier passend nach dem Einzug Noch's bei Q einschiebt, bei J vor V. 12 gestanden haben muss.

in dem Schiff war. ²⁴ Und die Gewäſſer nahmen zu auf der Erde hundertfünfzig Tage lang.

8 ¹ Endlich in Rückſicht auf Noch und alle die wilden und die zahmen Tiere, die bei ihm in dem Schiff waren, ließ Elohim Wind über die Erde wehen, ſo daß die Gewäſſer fielen. ² *Da schlossen sich die Strudel des Ozeans und die Gitter am Himmel und der Regen strömte nicht länger vom Himmel herab.* ³ *Da verliefen sich die Gewässer immer mehr von der Erde* und die Gewäſſer nahmen ab nach Verlauf von hundertfünfzig Tagen. ⁴ Da ſaß das Schiff am ſiebzehnten Tage des ſiebenten Monats auf einem der Berggipfel von Ararat ²⁴) auf. ⁵ Und die Gewäſſer nahmen immer weiter ab bis zum zehnten Monat; am erſten des zehnten Monats wurden die Gipfel der Berge ſichtbar. ⁶ *Nach Verlauf von vierzig Tagen aber öffnete Noch das Fenster des Schiffs, das er angebracht hatte,* ⁷ *und schickte den Raben aus; der aber flog hin und wieder, bis das Wasser sich von der Erde zurückzog.* ⁸ *Hierauf* ²⁵) *liess er die Taube hinausfliegen, um sich zu überzeugen, ob sich die Gewässer von der Erdoberfläche verzogen hätten.* ⁹ *Aber die Taube fand keinen Ort, wo sie fussen konnte: daher flog sie zu ihm in das Schiff zurück, weil auf der ganzen Erdoberfläche [noch] Wasser stand; da reckte er seine Hand aus, ergriff sie und nahm sie zu sich hinein in das Schiff.* ¹⁰ *Hierauf wartete er noch weitere sieben Tage; da liess er die Taube abermals aus dem Schiff ausfliegen.* ¹¹ *Da kam die Taube zur Abendzeit zu ihm und zwar mit einem frischen Oelzweig im Schnabel; daran erkannte Noch, dass sich die Gewässer von der Erde verzogen hatten.* ¹² *Hierauf wartete er noch weitere sieben Tage und liess die Taube fliegen; diesmal aber kehrte sie nicht wieder zu ihm zurück.* ¹³ Und im ſechshundertſten Jahre [Nochs], am erſten Tage des erſten Monats, da waren die Gewäſſer auf der Erde verſiegt. *Da entfernte Noch das Dach des Schiffes und schaute aus: da war die Erdoberfläche trocken geworden.* ¹⁴ Und am ſiebenundzwanzigſten Tage des zweiten Monats war die Erde ganz trocken ge-

---

24) „von Ararat" — in der Voraussetzung, dass A. hier Landesname.
25) Nach Ausweis von V. 10 muss eine Zeitbestimmung (etwa ויהי מקץ שבעת ימים) vorangegangen sein.

worden. ¹⁶ Da redete Elohim zu Noch folgendermaßen: ¹⁶ Verlaß das Schiff samt deinem Weibe, deinen Söhnen und deinen Schwiegertöchtern. ¹⁷ Alle Tiere, welche bei dir sind, alle Geschöpfe, sowohl Vögel, wie Vierfüßler, wie alles Gewürm, das auf der Erde kriecht, lasse gleichfalls hinaus, damit sie sich auf der Erde tummeln und sich fortpflanzen und vermehren auf der Erde. ¹⁸ Da ging Noch mit den Seinigen, seinen Söhnen und seinem Weibe und seinen Schwiegertöchtern, heraus. ¹⁹ Alle [vierfüßigen] Tiere, alle Reptilien und alle Vögel, alles was sich auf Erden regt nach ihren verschiedenen Arten, verließen das Schiff. ²⁰ *Da errichtete Noch Jahve einen Altar und nahm je eines* ²⁶*) von allen reinen Vierfüsslern und von allen reinen Vögeln und brachte Brandopfer dar auf dem Altar.* ²¹ *Als nun Jahve den angenehmen Duft roch, da beschloss er bei sich: ich will künftig die Erde nicht mehr zu Grunde richten um der Menschen willen; denn was der Mensch in seinem Herzen sinnt, ist böse von Jugend auf; und will künftig nicht mehr alles Lebendige umbringen, wie ich gethan habe.* ²² *Fortan sollen, so lange die Erde steht, Säen und Ernten, Frost und Hitze, Sommer und Herbstzeit und Tag und Nacht ununterbrochen wechseln.*

¹ Da segnete Elohim Noch und seine Söhne und sprach zu ihnen: „Pflanzt euch fort, damit ihr zahlreich werdet, und bevölkert die Erde. ² Und furcht und Schrecken vor euch soll kommen über alle Vierfüßler auf Erden und über alle Vögel unter dem Himmel, über alles, was sich auf Erden regt, und über alle Fische im Meere: in eure Gewalt seien sie gegeben. ³ Alles, was sich regt und lebt, soll euch zur Nahrung dienen; ganz wie Gras und Kraut weise ich es euch alles an. ⁴ Nur Fleisch, das noch sein Leben, d. h. sein Blut, in sich hat, dürft ihr nicht essen. ⁵ Dagegen euer eigenes Blut will ich fordern; von jedem Tiere will ich es fordern, wie von den Menschen; von jedem, der seinen Mitmenschen erschlägt, will ich das [betreffende] Menschenleben fordern. ⁶ Wenn einer Menschenblut vergießt, so soll durch Menschen sein Blut vergossen werden; denn als sein Abbild hat Elohim den Menschen geschaffen. ⁷ Ihr aber pflanzt euch fort, damit ihr zahlreich werdet; regt euch auf der Erde und werdet zahlreich auf ihr."

---

26) Richtiger vielleicht „je einige" etc.

⁸ Da sprach Elohim zu Noch und seinen Söhnen, die bei ihm waren, folgendermaßen: ⁹ „Ich meinerseits will eine Vereinbarung treffen mit euch und euren Nachkommen, ¹⁰ sowie mit allen lebendigen Wesen, die bei euch sind, sowohl den Vögeln als den zahmen und wilden Tieren, die bei euch sind, mit allem, was an Getier das Schiff verlassen hat. ¹¹ Und zwar will ich folgende Vereinbarung mit euch treffen, daß künftig kein Geschöpf mehr durch Flutgewässer hinweggetilgt werden und keine Flut mehr kommen soll, um die Erde zu verheeren. ¹² Und Elohim sprach: „Dies sei das Zeichen der Vereinbarung, die ich zwischen mir und euch und allen lebendigen Wesen, die bei euch sind, treffe, auf die fernsten Geschlechter: ¹³ Meinen Bogen stelle ich in die Wolken, damit er als ein Zeichen der Vereinbarung zwischen mir und der Erde diene. ¹⁴ Und wenn ich je Wolken über der Erde versammle und der Bogen in den Wolken erscheint ²⁷), ¹⁵ so will ich dann der Vereinbarung zwischen mir und euch und allen lebendigen Wesen, allen Geschöpfen, gedenken, und es soll das Wasser sich nicht wieder zu einer Flut steigern, alle Geschöpfe zu Grunde zu richten. ¹⁶ Und der Bogen soll in den Wolken stehen, damit ich, wenn ich ihn ansehe, eingedenk werde der für alle Zeiten gültigen Vereinbarung zwischen Elohim und allen lebendigen Wesen, allen Geschöpfen, die auf Erden sind." ¹⁷ Und Elohim sprach zu Noch: „Dies sei das Zeichen der Vereinbarung, die ich zwischen mir und allen Geschöpfen, die auf Erden sind, getroffen habe.

¹⁸ *Es waren aber die Söhne Noch's, welche das Schiff verließen, Schem, Cham und Jephet; Cham, das ist der Vater Kena'ans. ¹⁹ Diese drei waren die Söhne Noch's und von ihnen nahm die gesamte [jetzt] über die Erde verbreitete Menschheit ihren Ausgang ²⁹).* ²⁰ *Und Noch, der Landmann, fieng an und pflanzte Weinstöcke. ²¹ Als er aber von dem Weine trank, wurde er trunken und lag entblösst da in seinem Zelte. ²² Als nun Cham, der Vater des Kena'an seinen Vater so entblösst sah, sagte er*

---

27) Nach der Accentuation und Versabteilung wäre zu übersetzen: so soll der Bogen in den Wolken erscheinen.

28) Dass 9, 18 f. (vergl. zu V. 18 auch Anm. 30) und הם אם V. 22 Redaktionsklammern sind, welche den ursprünglichen Wortlaut von 9, 20 ff. mit 6, 10 etc. und 10, 1 in Einklang setzen sollen, erscheint uns zweifellos; ob diese Klammern bereits von JEʳ oder erst vom letzten Redaktor herrühren, lassen wir dahingestellt.

es seinen beiden Brüdern draussen. ²³ Da nahmen Schem und Jephet das Obergewand, legten es auf ihre Schultern und deckten rückwärts gehend die Scham ihres Vaters zu, während ihr Gesicht abgewendet war, so dass sie die Scham ihres Vaters nicht zu sehen bekamen. ²⁴ Als aber Noch aus seinem Rausche erwachte und erfuhr, was ihm sein jüngster Sohn angethan hatte, ²⁵ da sprach er: „Verflucht sei Kena'an; als niedrigster Sklave soll er seinen Brüdern dienen." ²⁶ Dann sprach er: „Hochzupreisen ist Jahve, der Gott Schems²⁹); aber Kena'an soll ihnen als Sklave dienen. ²⁷ Elohim beglücke Jephet, dass er wohne in den Zelten Schems. Aber Kena'an soll ihnen als Sklave dienen." ²⁸ Und Noch lebte nach der Flut noch 350 Jahre. ²⁹ So kam die gesamte Lebensdauer Nochs auf 950 Jahre; dann starb er.
¹ Und dies ist die Nachkommenschaft der Söhne Nochs, 10 Schem, Cham und Jephet; und es wurden ihnen Söhne geboren nach der Flut³⁰). ² Die Söhne Jephets waren Gomer, Magog, Madai, Javan, Tubal, Meschekh und Tiras. ³ Und die Söhne Gomers: Aschkenaz, Riphat und Togarma. ⁴ Und die Söhne Javans: Elischa, Tarschisch, die Kittim und die Rodanim³¹). ⁵ Von ihnen zweigte sich ab die Bevölkerung auf den Inseln und Küsten der Gojim³²) (dies sind die Söhne Jephets³³)) nach ihren Ländern, ihren Sprachen, ihren Stämmen und Völkerschaften.
⁶ Und die Söhne Chams waren Kusch, Misrajim, Put und Kena'an. ⁷ Und die Söhne Kuschs: Seba, Chavila, Sabta, Ra'ma und Sabteka, und die Söhne Ra'mas waren Scheba und Dedan.

29) Erwähnung verdient die Konjektur Budde's (Urgeschichte S. 294 ff.), der urspr. Text habe gelautet: ברוך " שם= der Gesegnete Jahves ist Schem.

30) ויולדו etc. höchstwahrscheinlich aus J⁸; auch dort muss eine nochmalige Aufzählung der Nochsöhne in der Weise von 9, 18 (welcher Vers vom Redaktor vielleicht aus Jᵉ, wo er den Kopf der Völkertafel bildete, entnommen ist) vorangegangen sein; vergl. Anm. 28.

31) „Rodanim" nach 1 Chr. 1, 7, sowie nach Sam. LXX Hier. für Dodanim des masor. Textes.

32) Gojim ist in der Uebersetzung beibehalten, weil איי הגוים ohne Zweifel als terminus technicus für einen bestimmten ethnographischen Bezirk zu betrachten ist.

33) Nach fast einstimmiger Annahme sind die Worte אלה בני יפת (vergl. V. 20 und 31) irrtümlich ausgefallen.

⁸ *Und Kusch erzeugte den Nimrod; dieser fing an, als ein Gewaltiger auf Erden aufzutreten.* ⁹ Diefer war ein gar ³⁴) gewaltiger Jäger; daher man [sprichwörtlich] sagt: ein gar gewaltiger Jäger wie Nimrod. ¹⁰ *Es erstreckte sich aber seine Herrschaft anfänglich auf Babel, dann Erekh, Akkad und Kalne im Lande Schin'ar.* ¹¹ *Von diesem Lande aus erweiterte er seine Herrschaft über Aschur und gründete Nineve, Rechobot 'Ir, Kelach* ¹² *und Resen, zwischen Nineve und Kelach; das ist die [bekannte] Grossstadt.* ¹³ *Und Misrajim erzeugte die Ludim, die Anamim, die Lehabim, die Naphtuchim,* ¹⁴ *die Patrusim, die Kasluchim, von denen die Pelischtim ausgegangen sind* ³⁵), *und die Kaphtorim.* ¹⁵ *Und Kena'an erzeugte Sidon, seinen Erstgeborenen, und Chet,* ¹⁶ *die Jebusiter, die Emoriter, die Girgaschiter,* ¹⁷ *die Chivviter, die 'Arqiter, die Siniter,* ¹⁸ *die Arvaditer, die Semariter, die Chamatiter, und in der Folge* ³⁶) *breiteten sich die Stämme der Kena'aniter aus.* ¹⁹ *Und es erstreckte sich das Gebiet der Kena'aniter von Sidon bis hin nach Gerar, bis 'Azza bis hin nach Sedom, 'Amara, Adma und Sebojim, bis Lescha'* ³⁷). ²⁰ Dies find die Söhne Chams nach ihren Stämmen und·Sprachen, hinsichtlich ihrer Länder und Völkerschaften. ²¹ *Auch Schem, dem Stammvater aller Söhne 'Ebers, dem älteren Bruder Jephets, wurden Söhne geboren.* ²² Die Söhne Schems sind 'Elam, Aschur, Arpakhschad, Lud und Aram. ²³ Und die Söhne Arams sind 'Us, Chul, Geter und Masch. ²⁴ *Und Arpakhschad erzeugte Schelach und Schelach erzeugte 'Eber.* ²⁵ *Dem 'Eber aber wurden zwei Söhne geboren; der eine hiess Peleg,*

---

34) Das verstärkende לפי הד (etwa im Sinne von „sogar von J als solcher anerkannt") ist unübersetzbar.

35) Ueber die Bedenken in Betreff dieses Relativsatzes, den man wegen Am. 9, 7 etc. wenigstens nach כשתים erwarten sollte, vergl. Dillmann z. d. St.

36) Die in V. 18 b gegebene Notiz ist in der jetzigen Textgestalt unverständlich.

37) V. 19 ist J zugeschrieben, obschon die hier genannten Grenzen für die V. 15 ff. aufgezählten Völker viel zu eng erscheinen. Weiter ist höchst fraglich, ob nicht עד עזה als spätere Epexegese zu גררה und die drei Namen nach Sedom als spätere Auffüllung des Textes aus anderen Stellen zu betrachten sind.

denn bei seinen Lebzeiten teilte sich die *[Bevölkerung der]* Erde, und sein Bruder hiess Joqtan. ²⁶ Und Joqtan erzeugte Almodad, Scheleph, Chasarmavet, Jerach, ²⁷ Hadoram, Uzal, Diqla, ²⁸ ʿObal, Abimaʾel, Scheba, ²⁹ Ophir, Chavila und Jobab; diese alle sind Söhne Joqtans. ³⁰ Und ihre Wohnsitze erstreckten sich von Mescha bis Saphar, bis zum Ostgebirge. ³¹ Dies sind die Söhne Schems nach ihren Stämmen, ihren Sprachen, hinsichtlich ihrer Länder und Völkerschaften. ³² Dies sind die Stämme der Nochsöhne nach ihren Verzweigungen, ihren Völkerschaften, und von ihnen zweigten sich ab die Völker auf Erden nach der flut.

¹ *Es hatte aber die ganze Menschheit eine Sprache und einerlei* 11 *Worte.* ² *Als sie nun im Osten umherzogen, fanden sie eine Tiefebene im Lande Schinʿar und siedelten sich dort an.* ³ *Und sie sprachen zu einander: „Lasst uns Backsteine formen und hart brennen",* — *so diente ihnen der Backstein als Baustein und der Asphalt diente ihnen als Mörtel.* ⁴ *Und sie sprachen: „Nun wollen wir uns eine Stadt erbauen und einen Turm, dessen Spitze an den Himmel stösst, und wollen uns so ein Denkmal setzen, damit wir uns nicht über die ganze Erde hin verlieren."* ⁵ *Da stieg Jahve herab, um die Stadt und den Turm, den die Menschen erbaut hatten, zu besehen.* ⁶ *Da befand Jahve: Ein Volk sind sie und reden alle eine Sprache; und das ist nur der Anfang ihrer Unternehmungen und fortan wird ihnen nichts unerreichbar sein, was sie sich in den Kopf setzen werden.* ⁷ *Aber ich will hinunter und will da ihre Sprache in Verwirrung bringen, so dass keiner mehr die Sprache des andern verstehen soll.* ⁸ *Da versprengte sie Jahve von dort über die ganze Erde, so dass sie abstehen mussten von der Erbauung der Stadt* ³⁸). ⁹ *Daher führt sie den Namen Babel, weil Jahve dort die Sprache der gesamten Menschheit in Verwirrung brachte und Jahve sie von dort über die ganze Erde versprengte.*

¹⁰ Dies sind die Nachkommen Schems. Als Schem 100 Jahre alt war, erzeugte er Arpakhschad zwei Jahre nach der flut. ¹¹ Nach

---

38) Die abrupte Notiz in V. 8 ist schwerlich die ursprüngliche Fortsetzung von V. 7; vielleicht enthielt der Bericht über das Eingreifen Jahves irgendwelche Anthropomorphismen, die einem späteren Redaktor entbehrlich schienen.

der Erzeugung des Arpakhschad aber lebte Schem noch 500 Jahre und erzeugte Söhne und Töchter. ¹² Als nun Arpakhschad 35 Jahre alt war, erzeugte er Schelach. ¹³ Nach der Erzeugung des Schelach aber lebte Arpakhschad noch 403 Jahre und erzeugte Söhne und Töchter. ¹⁴ Als nun Schelach 30 Jahre alt war, erzeugte er 'Eber. ¹⁵ Nach der Erzeugung des 'Eber aber lebte Schelach noch 403 Jahre und erzeugte Söhne und Töchter. ¹⁶ Als nun 'Eber 34 Jahre alt war, erzeugte er Peleg. ¹⁷ Nach der Erzeugung des Peleg aber lebte 'Eber noch 430 Jahre und erzeugte Söhne und Töchter. ¹⁸ Als nun Peleg 30 Jahre alt war, erzeugte er Re'u. ¹⁹ Nach der Erzeugung des Re'u aber lebte Peleg noch 209 Jahre und erzeugte Söhne und Töchter. ²⁰ Als nun Re'u 32 Jahre alt war, erzeugte er Serug. ²¹ Nach der Erzeugung des Serug aber lebte Re'u noch 207 Jahre und erzeugte Söhne und Töchter. ²² Als nun Serug 30 Jahre alt war, erzeugte er Nachor. ²³ Nach der Erzeugung des Nachor aber lebte Serug noch 200 Jahre und erzeugte Söhne und Töchter. ²⁴ Als nun Nachor 29 Jahre alt war, erzeugte er Terach. ²⁵ Nach der Erzeugung des Terach aber lebte Nachor noch 119 Jahre und erzeugte Söhne und Töchter. ²⁶ Als nun Terach 70 Jahre alt war, erzeugte er Abram, Nachor und Haran.

²⁷ Dies sind die Nachkommen Terachs: Terach erzeugte Abram, Nachor und Haran; Haran aber erzeugte Lot.

²⁸ *Es starb jedoch Haran bei Lebzeiten seines Vaters Terach in seinem Geburtslande, in Ur Kasdim.* ²⁹ *Da nahmen sich Abram und Nachor Weiber; das Weib Abrams hiess Saraj und das Weib Nachors Milka, die Tochter Harans, des Vaters der Milka und Jiska.* ³⁰ *Saraj aber war unfruchtbar; sie hatte kein Kind* ³⁹). ³¹ Da nahm Terach seinen Sohn Abram und seinen Enkel Lot, den Sohn Harans, und seine Schwiegertochter Saraj, das Weib seines Sohnes Abram, und führte sie ⁴⁰) aus Ur

---

39) V. 28—30 sind oben summarisch J zugeschrieben, obwohl uns die Bedenken dagegen — insbesondere auch gegen die Erwähnung von Ur Kasdim bei J — nicht unbekannt sind (vgl. über den gegenwärtigen Stand der Diskussion besonders Budde, Urgeschichte S. 414 ff.). Eine zweifellose Analyse der namentlich in V. 29 vorliegenden Trümmer der alten Ueberlieferung wird vielleicht nie gelingen.

40) „und führte sie" nach der von Sam. LXX. Vulg. befolgten Lesart אתם ויצא; dagegen drückt die Pesch. aus אתם יצאו.

Kasdim hinweg, um in das Land Kena'an zu ziehen, und sie gelangten bis Charan und ließen sich dort nieder. ³² Es kam aber die Lebensdauer Terachs auf 205 Jahre; dann starb Terach in Charan.

¹ Da befahl Jahve dem Abram: „Ziehe hinweg aus deinem 12 Lande, aus deiner Heimat und aus deinem Vaterhause in das Land, das ich dir zeigen werde. ² Und ich will dich zu einem grossen Volke werden lassen und dich segnen und dir hohen Ruhm verleihen, und sollst ein Quell des Segens werden. ³ Und ich will segnen, die dir Segen wünschen, und mit Fluch beladen den, der dich verwünscht, und durch dich sollen beglückt werden alle Völkerstämme auf Erden." ⁴ Da zog Abram hinweg, wie ihm Jahve geboten hatte, und Lot zog mit ihm. Abram aber war 75 Jahre alt, als er von Charan auszog. ⁵ Da nahm Abram sein Weib Saraj und seinen Neffen Lot samt aller ihrer Fahrhabe, die sie besaßen, und den Sklaven, die ihnen in Charan zu eigen geworden waren, und sie zogen aus, um sich ins Land Kena'an zu begeben, und gelangten ins Land Kena'an. ⁶ Und Abram durchzog das Land bis zu der Stätte, wo nachmals Schechem stand, bis zur Orakel-Terebinthe⁴¹); es wohnten aber damals die Kena'aniter im Lande. ⁷ Da erschien Jahve dem Abram und sprach zu ihm⁴²): „Deinen Nachkommen will ich dieses Land verleihen." Da errichtete er dort Jahve, der ihm erschienen war, einen Altar. ⁸ Von dort rückte er weiter vor aufs Gebirge östlich von Betel und schlug sein Zelt so auf, dass er Betel westlich und 'Aj östlich hatte; und er errichtete dort Jahve einen Altar und rief Jahve an. ⁹ Hierauf zog Abram immer weiter und weiter nach dem Negeb zu.

¹⁰ Es brach aber eine Hungersnot im Lande aus; da siedelte Abram nach Egypten über, um sich einstweilen dort aufzuhalten; denn die Hungersnot war drückend im Lande. ¹¹ Als er nun nahe daran war, nach Egypten zu gelangen, sagte er zu seinem Weibe Saraj: „Es ist mir wohl bewusst, dass du ein schönes Weib bist. ¹² Und es wird nicht ausbleiben, wenn die

---

41) „Orakel-Terebinthe" unter der Voraussetzung, dass מורה einen bei jener Terebinthe anstissigen Tora-Erteiler bezeichnet.
42) Nach der LA ויאמר לו bei Sam. LXX. Pesch. Vulg.

Egypter dich erblicken, so werden sie sagen: sie ist seine Frau.
Dann werden sie mich totschlagen und [nur] dich am Leben
lassen. ¹³ Bitte, sage also, du seist meine Schwester, damit es
mir gut gehe um deinetwillen und ich durch dich am Leben
[und in Wohlstand] bleibe." ¹⁴ Als nun Abram nach Egypten
gelangt war, da sahen die Egypter, dass das Weib überaus
schön war. ¹⁵ Und als nun [auch] die Höflinge des Pharao
sie zu Gesicht bekommen hatten, rühmten sie sie gegen den
Pharao; infolge dessen wurde das Weib in den Palast des
Pharao geholt. ¹⁶ Gegen Abram aber erwies er sich freigebig
um ihretwillen, und es wurden ihm Schafe und Rinder, Esel,
Sklaven und Sklavinnen, Eselinnen und Kamele zu teil. ¹⁷ Jahve
aber schlug den Pharao mit schweren Plagen ſamt ſeiner Familie⁴³)
wegen Saraj, des Weibes Abrams. ¹⁸ Da liess der Pharao
Abram rufen und sprach: „Was hast du mir angethan! Warum
hast du mir verhehlt, dass sie dein Weib ist? ¹⁹ Warum hast
du behauptet: sie ist meine Schwester, so dass ich sie in meinen
Harem aufnahm⁴⁴). Da es aber so steht — hier hast du dein
Weib; nimm sie und geh deines Weges." ²⁰ Da beorderte der
Pharao Leute, dass sie ihm samt seinem Weibe und allem, was
zu ihm gehörte, das Geleite gaben.

13 ¹ Da kehrte Abram mit seinem Weibe und allem, was zu
ihm gehörte, und Lot mit ihm⁴⁵), aus Egypten ins Negeb zurück.
² Und Abram war sehr reich an Vieh, wie an Silber und Gold.

---

43) Das auffällige Nachhinken von את ביתו deutet auf einen Re-
daktionszusatz, der im Hinblick auf die parallele Erzählung 20, 17 f.
gemacht ist.

44) Obige sehr freie Uebersetzung will den (ähnlich wie 6, 2)
im Kontext der Stelle liegenden euphemistischen Gebrauch von לקח
לאשה (im Unterschied von Stellen wie 24, 3 al.) wiedergeben.

45) Wir folgen der allgemeinen Annahme, dass die Worte ולוט
עמו nachmals beigefügt sind, um die Verhandlung mit Lot, von
welchem 12, 10 ff. nicht mehr die Rede war, zu motivieren. Dabei
lassen wir jedoch dahingestellt, ob nicht die ganze Erzählung 12, 10
bis 20 als eine ziemlich späte Zuthat zu J zu betrachten, und weiter,
ob nicht der grösste Teil von 13, 1—4 (so vor allem V. 1 und 3 f.)
auf Rechnung eines Redaktors zu setzen ist, der nach Einfügung von
12, 9 ff. wieder an 12, 8 anknüpfen wollte.

³ *Und er zog Station für Station aus dem Negeb bis nach Betel, bis zu der Stelle, wo früher sein Zelt gestanden hatte, zwischen Betel und ʿAj,* ⁴ *zu der Stätte des Altars, den er bei seinem ersten Aufenthalt dort errichtet hatte, und woselbst Abram Jahve angerufen hatte.* ⁵ *Und auch Lot, der mit Abram zog, hatte Schafe und Rinder und ein grosses Hauswesen.* ⁶ Das Land gab jedoch nicht Ertrag genug, daß sie bei einander bleiben konnten, denn ihr Besitz war groß, *und es war unmöglich, dass sie bei einander blieben.* ⁷ *Und es kam zu Streitigkeiten zwischen den Hirten Abrams und den Hirten Lots; überdies waren die Kenaʿaniter und die Perizziter damals im Lande ansässig.* ⁸ *Da sprach Abram zu Lot: „Warum soll doch Zank und Streit sein zwischen mir und dir und zwischen meinen und deinen Hirten? sind wir doch nah verwandt!* ⁹ *Steht dir nicht das ganze Land offen? Bleibe lieber für dich, als dass du mich beschwerst; wenn du links willst, so will ich rechts gehen; und wenn du rechts willst, so will ich links gehen."* ¹⁰ *Da schaute Lot um sich und gewahrte, wie die ganze Jordansaue durch und durch wohlbewässertes Land war, bevor Jahve Sedom und ʿAmora zerstörte, gleich dem Paradiese, wie Egyptenland, bis nach Ṣoʿar hin.* ¹¹ *Da wählte sich Lot die ganze Jordansaue und Lot*⁴⁶) brach auf nach Osten, und so trennten sie sich von einander; ¹² Abram weilte im Lande Kenaʿan, während Lot in den Ortschaften der [Jordans]aue weilte *und rückte mit seinen Zelten weiter, bis [er] nach Sedom [gelangte].* ¹³ *Die Einwohner von Sedom aber waren lasterhaft und sündigten beständig gegen Jahve.*

¹⁴ *Jahve aber sprach zu Abram, nachdem sich Lot von ihm getrennt hatte: „Blicke um dich und schaue von dem Platze, an welchem du stehst, nach Nord, Süd, Ost und West.* ¹⁵ *Denn all das Land, das du siehst, will ich dir und deinen Nachkommen für immer zu eigen geben.* ¹⁶ *Und ich will deine Nachkommen so zahlreich machen, wie die Krümchen der*

---

46) Die Wiederholung des Subjekts erklärt sich wohl daraus, dass auch J nach הירד eine Bemerkung über das Zurückbleiben Abrams in Kenaʿan hatte. Der Redaktor strich dieselbe, weil ähnliches gleich darauf (V. 12) aus Q aufzunehmen war.

Erde, dass deine Nachkommen so wenig zu zählen sein werden, als jemand die Erdkrümchen zu zählen vermag. ¹⁷ Mache dich auf, das Land zu durchziehen nach seiner Länge und Breite; denn dir will ich es zu eigen geben. ¹⁸ Abram aber rückte weiter⁴⁷) mit seinen Zelten, zog hin und siedelte sich an bei den Terebinthen Mamres zu Chebron und errichtete daselbst Jahve einen Altar.

14 ¹ Es trug sich aber zu unter der Regierung⁴⁷ᵇ) Amraphels, des Fürsten von Schinʿar, da fingen Arjokh, der Fürst von Ellasar, Kedorlaʿomer, der Fürst von ʿElam, und Tidʿal, der Fürst der Gojim, ² Krieg an mit Beraʿ, dem Fürsten von Sedom, und Birschaʿ, dem Fürsten von ʿAmora, Schinab, dem Fürsten von Adma, und Schemeber⁴⁸), dem Fürsten von Sebojim und dem Fürsten von Belaʿ das ist Soʿar. ³ Diese alle zogen vereint in das Gefilde von Siddim, das ist das [jetzige] Salzmeer. ⁴ Zwölf Jahre hindurch waren sie dem Kedorlaʿomer tributpflichtig gewesen und im dreizehnten Jahre waren sie abgefallen. ⁵ Im vierzehnten Jahre aber zog Kedorlaʿomer und die mit ihm verbündeten Fürsten heran, und sie besiegten die Refaïter in ʿAschtarot Karnajim, die Zuziter in Ham und die Emiter in der Ebene von Kirjatajim, ⁶ und die Choriter auf ihrem Gebirge Seʿir bis nach El Paran hin, welches östlich von der Wüste liegt. ⁷ Hierauf machten sie kehrt und gelangten nach ʿEn Mischpat, das ist Qadesch; und sie besiegten die ʿAmaleqiter auf ihrem ganzen Gebiet, sowie die Emoriter, die in Chasason Tamar wohnten. ⁸ Da

---

47) Der offenbare Anschluss dieser Notiz an 12 f. macht es in hohem Grade wahrscheinlich, dass V. 14—17 eine etwas jüngere Zuthat zu J bilden; vergl. auch Wellh. Compos. des Hexat. 1, 414 und Kuenen, Einl.² S. 141.

47 b) Nach der sehr ansprechenden Vermutung von Cand. Marquardt-Tübingen erklärt sich בימ׳ א aus der Absicht des in Babylonien schreibenden Verfassers, die Ereignisse nach einem König des babylonischen Regentenkanons zu datieren. Macht man alsdann Arjokh etc. zu Subjekten von עשו, so entsteht ein wirklich hebr. Satz, was bei der Annahme von vier Genitiven nicht der Fall ist.

48) Ob das שמאבר des Sam. nur einen späteren Deutungsversuch bietet, lassen wir ebenso dahingestellt, wie die Zurückführung der masor. Aussprache von ברע und ברשע auf späteren jüdischen Witz.

14, 9—21 (besond. Quelle).

zogen der Fürst von Sedom und der Fürst von 'Amora und der Fürst von Adma und der Fürst von Sebojim und der Fürst von Bela', das ist So'ar, aus und stellten sich in Schlachtordnung gegen sie auf im Gefilde von Siddim — ⁹ gegen Kedorla'omer, den Fürsten von 'Elam, Tid'al, den Fürsten der Gojim, Amraphel, den Fürsten von Schin'ar, Arjokh, den Fürsten von Ellasar, vier Fürsten gegen jene fünf. ¹⁰ Im Gefilde von Siddim aber war Asphaltgrube an Asphaltgrube, und als die [Heerhaufen der] Fürsten von Sedom und 'Amora fliehen mußten, versanken sie dort, und was übrig blieb, floh aufs Gebirge. ¹¹ Da nahmen [die Feinde] die gesamte Fahrhabe, sowie den gesamten Mundvorrat [der Bewohner] von Sedom und 'Amora und zogen ab. ¹² Sie entführten aber auch den Neffen Abrams, Lot, der damals in Sedom wohnte, samt seiner Fahrhabe. ¹³ Da kam einer, der entronnen war, um es Abram, dem Hebräer, zu berichten; derselbe wohnte bei den Terebinthen des Emoriters Mamre, des Bruders des Eschkol und des 'Aner; diese [drei] waren Bundesgenossen Abrams. ¹⁴ Als nun Abram vernahm, daß sein Neffe gefangen weggeführt worden sei, bot er alle seine erprobten Leute, seine hausgeborenen Sklaven, 318 [an der Zahl], auf und verfolgte [die Feinde] bis nach Dan. ¹⁵ Da teilte er seine Leute in mehrere Haufen und überfiel sie des Nachts, schlug sie in die Flucht und verfolgte sie bis Choba, nördlich von Dammeseq. ¹⁶ Hierauf brachte er die gesamte Fahrhabe zurück und auch seinen Neffen Lot nebst seiner Fahrhabe brachte er zurück, sowie auch die Weiber und die Übrigen [Gefangenen]. ¹⁷ Als er nun Kedorla'omer und die mit ihm verbündeten Fürsten besiegt hatte und auf dem Rückweg begriffen war, zog ihm der Fürst von Sedom entgegen ins Thal Schave, das ist das Königsthal. ¹⁸ Und Malkisedeq, der Fürst von Schalem, brachte Brot und Wein heraus; derselbe war ein Priester des El 'Eljon. ¹⁹ Der segnete ihn, indem er sprach: „Gesegnet werde Abram von El 'Eljon, dem Schöpfer des Himmels und der Erde. ²⁰ Und hochzupreisen ist El 'Eljon, der deine Feinde in deine Gewalt gegeben hat." Da entrichtete er ihm den Zehnten von allem⁴⁹). ²¹ Da

---

49) Die gewöhnliche Annahme, dass V. 18—20 ein späteres Einschiebsel seien, beruht hauptsächlich auf der Voraussetzung, dass das übrige Kapitel einen verhältnismässig alten Text biete. Erklärt man aber Kap. 14 mit Kuenen (Einl. ² 314) für eine sehr junge

sprach der Fürst von Sedom zu Abram: „Ueberlasse mir die Gefangenen; die Fahrhabe aber behalte für dich!" ²² Da antwortete Abram dem Fürsten von Sedom: „Ich schwöre bei Jahve, dem El 'Eljon, dem Schöpfer des Himmels und der Erde: ²³ nicht einen Faden, noch einen Schuhriemen, überhaupt nichts, was dir gehört, nehme ich an, damit du nicht sagen kannst, du habest Abram bereichert. ²⁴ Ich mag nichts! nur was die Krieger verzehrt haben, und der Anteil für die Männer, die mit mir gezogen sind, 'Aner, Eschkol und Mamre — die mögen sich ihr Teil nehmen!"

15 ¹ Nach diesen Begebenheiten wurde dem Abram in einer Vision eine Offenbarung von Jahve zu teil, des Inhalts: „Sei ohne Furcht, Abram! Ich schütze dich; es harret deiner reicher Lohn." ² Da sprach Abram: „O Herr Jahve! was wolltest du mir geben? während ich doch einsam durchs Leben gehe, und der Erbe meines Reichtums, das ist Dammeseq, wird Eli'ezer sein ⁵⁰)." ³ Da sprach Abram: „Mir hast du ja keine Nachkommenschaft geschenkt, und so muss ein Leibeigener meines Hauses mein Erbe werden⁵¹)." ⁴ *Da aber*

midraschartige Erzählung, so hatte auch die Bezugnahme auf den jerusalemischen Hohenpriester von Haus aus eine passende Stelle in derselben. Anderseits soll nicht geleugnet werden, dass sich V. 21 in der That gut an V. 17 anschliesst und dass die Abgabe des Zehnten (doch wohl von der Beute?) nicht zu Abrams Versicherung in V. 23 stimmen will, daher schon Böhmer wenigstens V. 20 b als spätere Glosse streichen wollte.

50) Obige Uebersetzung von V. 2 b ist nur ein Notbehelf, mit Uebergehung des absolut sinnlosen דמשק [היא]. Freilich ist mit der Beseitigung dieser Glosse nicht viel gebessert, da auch משק für משך unbelegbar und höchstens als nachträglich (im Hinblick auf die Glosse הוא ד) beliebte Aenderung zu begreifen ist.

51) V. 1—3 ist in Summa JE zugeschrieben, da die genaue Scheidung zwischen J und E, wie längst erkannt, nicht mehr möglich ist. Auf E weisen אחר הד׳ הא׳ und במחזה V. 1, sowie אלישזר V. 2, auf J aber יהיה V. 1. 2; darnach dürfte der Text von E im wesentlichen noch in V. 1. 3a. 2b (in dieser Reihenfolge, wie schon Budde richtig erkannte), der von J in 2a. 3b vorliegen. Die Analyse von V. 4 ff. ist die Frucht langer Erwägungen; natürlich erhebt auch sie nicht den Anspruch auf Unfehlbarkeit.

erging an ihn die Offenbarung Jahves: „Nein, er soll nicht dein Erbe sein, sondern einer, den du selbst erzeugen wirst, der soll dein Erbe sein." ⁵ **Da führte er ihn hinaus ins Freie und sprach: „Blick auf zum Himmel und sieh zu, ob du die Sterne zählen kannst"** — **dann sprach er zu ihm: „So [zahlreich] sollen deine Nachkommen sein."** ⁶ *Und er vertraute Jahve, und [Jahve] rechnete ihm das als einen Erweis echter Frömmigkeit an.*

⁷ Da sprach er zu ihm: „Ich bin Jahve, der dich hergeführt hat aus Ur Kasdim, um dir dieses Land zu eigen zu geben." ⁸ Da antwortete er: „O Herr Jahve! woran soll ich erkennen, daß ich es [wirklich] erhalten soll⁵²)?" ⁹ *Da sprach er zu ihm: „Hole mir eine dreijährige Kuh, eine dreijährige Ziege, einen dreijährigen Widder, eine Turteltaube und eine junge Taube."* ¹⁰ *Da holte er ihm alle diese [Tiere], zerteilte sie in je zwei gleiche Teile und legte je die eine Hälfte der anderen gegenüber; die Vögel aber zerteilte er nicht.* ¹¹ *Da stiessen die Raubvögel herab auf die Stücke, Abram aber scheuchte sie hinweg ⁵³).* ¹² Als nun die Sonne nahe daran war unterzugehen, da kam tiefer Schlaf über Abram; da senkte sich Beängstigung, dichte Finsternis auf ihn herab⁵⁴). ¹³ Da sprach [Jahve]: „Du mußt wissen, daß deine Nachkommen als Fremdlinge hausen werden in einem Lande, das ihnen nicht gehört, und werden ihnen leibeigen sein und jene werden sie schwer

---

52) V. 7 und 8 sind im Hinblick auf ihre jetzige Stellung R zugewiesen; wahrscheinlich standen sie grossenteils irgendwo in anderem Zusammenhange bei J.

53) Obige Zuteilung von V. 9—11 an J setzt den Anschluss dieser Verse an V. 6 voraus. Immerhin ist möglich, dass auch V. 9 ff. ursprünglich in anderem und zwar in direktem Zusammenhang mit V. 8 standen. Auf den Wechsel von פגרים V. 11 mit נורים V. 17 vermögen wir kein Gewicht zu legen; die Raubvögel werden durch die ersteren angezogen, die נורים aber bilden V. 17 eine Voraussetzung der Bundeszeremonie.

54) V. 12 ist samt 13—16 wiederum im Hinblick auf den jetzigen Kontext des Ganzen R zugewiesen; dabei zeigt jedoch sowohl die deutliche Dublette in V. 12, wie der Mangel des Subjekts in 13 a, dass auch hier R mit anderswoher entnommenen Bestandteilen der älteren Vorlagen operiert.

bedrücken vierhundert Jahre lang. ¹⁴ Aber auch mit dem Volke, denen sie leibeigen sein werden, will ich ins Gericht gehen, und darnach sollen sie ausziehen mit reicher Habe. ¹⁵ Dir aber soll es wohlgehen, bis du deinen Ahnen beigesellt wirst, und du wirst begraben werden in einem schönen Alter. ¹⁶ In der vierten Generation aber werden sie hierher zurückkehren; denn noch ist das Maß der Schuld der Emoriter nicht voll."
¹⁷ *Als aber die Sonne untergegangen und dichte Finsternis eingebrochen war, da kam ein Rauch, wie aus einem Backofen* ⁵⁵)*, und [aus ihm] eine Feuerfackel, welche zwischen jenen Opferstücken hindurchging.* ¹⁸ *So gab Jahve dem Abram an jenem Tage die feierliche Zusage: deinen Nachkommen will ich dieses Land verleihen vom Fluss an der Grenze Egyptens bis zum grossen Strom, dem Eufratstrom.* ¹⁹ Das Land der Qeniter, der Qenizziter, der Qadmoniter, ²⁰ der Chittiter, der Perizziter, der Refaiter, ²¹ der Emoriter, der Kena'aniter, der Girgaschiter und der Jebusiter.

16 ¹ Saraj aber, das Weib Abrams, hatte ihm keine Kinder geboren; sie hatte aber eine egyptische Sklavin, Namens Hagar ⁵⁶). ² *Da sprach Saraj zu Abram: „Da mir Jahve nun einmal Leibesfrucht versagt hat, so geselle dich zu meiner Leibmagd, damit ich vielleicht durch sie Kinder bekomme." Und Abram that nach dem Wunsche der Saraj.* ³ Da nahm Saraj, das Weib Abrams, die Egypterin Hagar, ihre Leibmagd, zehn Jahre nach der Uebersiedelung Abrams nach Kena'an, und gab sie Abram, ihrem Manne, zum Kebsweib. ⁴ *Da wohnte er Hagar bei und sie wurde schwanger. Als sie aber merkte, dass sie schwanger sei, blickte sie mit Geringschätzung auf ihre Gebieterin.* ⁵ *Saraj aber sprach zu Abram: „Du bist schuld, dass mir diese Kränkung widerfährt; ich selbst habe dir meine Leibmagd abgetreten, und nun, wo sie merkt, dass sie schwanger ist, sieht sie mich geringschätzig an. Helfe mir Jahve zu meinem Rechte!"* ⁶ *Da erwiderte Abram der Saraj: „Du hast ja Gewalt über deine Leibmagd; verfahre mit ihr, wie es dir gut dünkt!" Da behandelte Saraj sie hart, so dass*

---

55) Richtiger wäre „Backtopf", vergl. dazu Riehm, Handwörterbuch, S. 140 f.

56) Durch die Aufnahme von V. 1a aus Q ist der Anfang des J-Textes weggeschnitten.

sie ihr entlief. ⁷ Da traf sie der Engel⁵⁷) Jahves an der Quelle in der Wüste, an der Quelle auf dem Wege nach Schur. ⁸ Da sprach er: „Hagar, Leibmagd Sarajs! Woher kommst du und wohin willst du?" Sie antwortete: „Ich bin auf der Flucht vor Saraj, meiner Gebieterin." ⁹ Da sprach der Engel Jahves zu ihr: „Kehre zurück zu deiner Gebieterin und unterwirf dich ihrer Gewalt!" ¹⁰ Da sprach der Engel Jahves zu ihr: „Ich will deine Nachkommenschaft überaus zahlreich machen, so daß sie unzählbar sein soll vor Menge. ¹¹ Da sprach der Engel Jahves zu ihr: „Du bist jetzt schwanger und wirst einen Sohn gebären; den sollst du Jischmaʿel nennen, weil Jahve deine [Klage über die erlittene] Misshandlung erhört hat. ¹² Der aber wird ein Mensch wie ein Wildesel sein, in Feindschaft mit jedermann und jedermann in Feindschaft mit ihm, und er wird allen seinen Verwandten auf dem Nacken sitzen⁵⁸)." ¹³ Da nannte sie Jahve, der zu ihr geredet hatte: du bist der Gott des Schauens; denn sie sprach: „Habe ich auch hier dem nachgeschaut, der mich erschaut hat⁵⁹)?" ¹⁴ Daher nennt man jenen Brunnen Brunnen La-chaj-roi; er liegt bekanntlich zwischen Qedesch und Bered. ¹⁵ Da gebar Hagar dem Abram einen Sohn, und Abram nannte den Sohn, den ihm Hagar geboren hatte, Jischmaʿel. ¹⁶ Abram aber war 86 Jahre alt, als Hagar dem Abram Jischmaʿel gebar.

¹ Und als Abram 99 Jahre alt war, da erschien Jahve dem 17 Abram und sprach zu ihm: „Ich bin El Schaddaj; führe deinen Wandel als vor meinem Angesicht, so wirst du unsträflich sein. ² Ich aber will eine Vereinbarung mit dir treffen und will dir überaus zahlreiche Nachkommen verleihen." ³ Da warf sich Abram nieder auf den Boden, und Elohim redete mit ihm folgendermaßen: ⁴ „Ich sichere dir hiermit zu, daß du Stammvater eines Haufens

---

57) Wir behalten notgedrungen die übliche Uebersetzung „Engel J." bei, obgleich wir uns wohl bewusst sind, dass diese Umsetzung des viel abstrakter gedachten מלאך in eine konkrete Persönlichkeit wenigstens in den älteren Stellen dieser Art unberechtigt ist.

58) Schwerlich, nach anderer Fassung, „er wird östlich von allen seinen Brüdern wohnen".

59) Obige Uebersetzung versucht eine Wiedergabe des jetzigen Textes, immerhin in der Ueberzeugung, dass derselbe nicht der ursprüngliche.

von Völkern werden sollst. ⁵ Du aber sollst fortan nicht mehr Abram heißen, sondern Abraham soll dein Name sein; denn zum Stammvater eines Haufens von Völkern mache ich dich⁶⁰). ⁶ Und ich will machen, daß deine Nachkommen überaus zahlreich werden und zu ganzen Völkern anwachsen, und sollen [sogar auch] Könige von dir abstammen. ⁷ Und ich will ein dauerndes Verhältnis stiften zwischen mir und dir, sowie allen Generationen deiner Nachkommen, als eine Vereinbarung für immer, auf der Grundlage, daß ich dein und deiner Nachkommen Gott sein will. ⁸ Und zwar verleihe ich dir und deinen Nachkommen das Land, in welchem du jetzt als Fremdling weilst, das ganze Land Kena'an, zum Eigentum für immer, und will ihr Gott sein." ⁹ Und weiter sprach Elohim zu Abraham: „Du aber sollst genau befolgen, was ich kraft dieser Vereinbarung gebiete, du und alle Generationen deiner Nachkommen. ¹⁰ Dies ist es, was ich gebiete gemäß der Vereinbarung zwischen mir und euch und deinen Nachkommen und was ihr befolgen sollt: Alles, was männlich ist unter euch, soll beschnitten werden. ¹¹ Und zwar sollt ihr beschnitten werden an eurer Vorhaut, und dies sei das Zeichen der Vereinbarung zwischen mir und euch. ¹² Im Alter von acht Tagen soll alles, was männlich ist unter euch, beschnitten werden, Geschlecht für Geschlecht, sowohl der im Hause geborene, als der irgendwoher aus der Fremde erkaufte [Sklave], der nicht deines Stammes ist. ¹³ Der Beschneidung soll unterworfen sein sowohl der in deinem Hause geborene, als wer von dir gekauft ist, und [also] soll fort und fort das Verhältnis zu mir an eurem Leibe bezeugt sein. ¹⁴ Ein unbeschnittener aber, dessen Vorhaut nicht beschnitten ist, soll weggetilgt werden aus dem Kreise seiner Volksgenossen; denn er hat das Gebot, auf welches ich das Verhältnis zu mir gegründet habe, für nichts geachtet." ¹⁵ Und weiter sprach Elohim zu Abraham: „Dein Weib Saraj sollst du nicht mehr Saraj nennen, sondern Sara soll ihr Name sein. ¹⁶ Denn ich will sie segnen und will dir auch durch sie einen Sohn schenken, und will sie segnen und sie soll die Stammmutter ganzer Nationen werden; Völkerbeherrscher sollen von ihr abstammen." ¹⁷ Da warf sich Abraham zu Boden und lachte, denn er dachte bei sich: sollte

---

60) Die offenbar beabsichtigte direkte Herleitung von Abra-ham aus המון kann in der Uebersetzung nicht wiedergegeben werden.

einem hundertjährigen noch ein Sohn geboren werden, und sollte
Sara, die neunzigjährige, noch gebären? ¹⁸ Hierauf sprach Abra=
ham zu Elohim: „Möchtest du nur Jischma'el behüten, daß er
am Leben bleibt!" ¹⁹ Da erwiderte Elohim: „Nein! dein Weib
Sara wird dir einen Sohn gebären; den sollst du Jischaq nennen,
und ich will aufrecht erhalten, was ich zugesichert habe, ihm gegen=
über, daß es Geltung habe für alle seine Nachkommen. ²⁰ Aber
auch in Betreff Jischma'els will ich dich erhören; ich will ihn
segnen und will machen, daß seine Nachkommen ganz überaus
zahlreich werden; zwölf Fürsten wird er zeugen, und ich will
machen, daß er zu einem großen Volke wird. ²¹ Aber was ich
zugesichert habe, das will ich erfüllen an Jischaq, den dir Sara im
künftigen Jahre um diese Zeit gebären soll." ²² Da endigte Elo=
him die Unterredung mit ihm und fuhr auf, von Abraham hinweg.
²³ Da nahm Abraham seinen Sohn Jischma'el und alle in seinem
Hause geborenen, sowie die von ihm gekauften Sklaven, alles, was
männlich war unter den Hausgenossen Abrahams, und beschnitt an
eben jenem Tage ihre Vorhaut, wie Elohim ihm geboten hatte.
²⁴ Abraham aber war 99 Jahre alt, als seine Vorhaut beschnitten
wurde. ²⁵ Und Jischma'el war 13 Jahre alt, als seine Vorhaut
beschnitten wurde. ²⁶ An eben jenem Tage wurden Abraham und
sein Sohn Jischma'el beschnitten, ²⁷ und alle seine Hausgenossen,
sowohl die im Hause geborenen, als die aus der Fremde erkauften
Sklaven, wurden mit ihm beschnitten.

¹ *Da erschien ihm Jahve bei den Terebinthen Mamres,* 18
*während er um die heisseste Tageszeit am Eingang des Zeltes
sass.* ² *Als er nun aufblickte, da gewahrte er, dass drei Männer in seiner Nähe dastanden; und als er sie sah, lief er vom Eingang des Zeltes weg ihnen entgegen und verneigte sich bis auf
den Boden.* ³ *Sodann sprach er: „O Herr! wenn du mich
dessen irgend für wert hältst, so gehe doch ja nicht an der
Behausung deines Sklaven vorüber!* ⁴ *Man soll etwas Wasser
bringen, dass ihr euch die Füsse waschet; dann legt euch zur
Mahlzeit hin unter den Baum,* ⁵ *so will ich euch einen Bissen
Brot holen, damit ihr euch stärket; hernach mögt ihr weiter
ziehen. Warum wäret ihr denn sonst bei eurem Sklaven vorüber-
gekommen?" Da antworteten sie: „Thue, wie du gesagt hast!"*
⁶ *Da lief Abraham eilig ins Zelt zu Sara und sagte: „Schnell*

einen Scheffel Feinmehl; knete und backe Fladen!" ⁷ Weiter aber lief Abraham zu den Rindern, holte ein zartes und schönes junges Rind und übergab es dem Diener, und dieser beeilte sich es zuzubereiten. ⁸ Dann holte er Dickmilch und süsse Milch und das junge Rind, das er hatte zubereiten lassen, und setzte es ihnen vor; er selbst aber wartete ihnen auf, während sie dort unter dem Baume assen. ⁹ Da fragten sie ihn: „Wo ist dein Weib Sara?" Er antwortete: „Drinnen im Zelte." ¹⁰ Da sagte er: „Ich werde übers Jahr um diese Zeit wieder zu dir kommen; dann wird dein Weib Sara einen Sohn haben." Währenddem horchte Sara am Eingang des Zeltes; dieses aber war hinter ihm. ¹¹ Abraham und Sara waren jedoch alt und hochbetagt, und es erging Sara längst nicht mehr, wie es den Frauen ergeht. ¹² Da lachte Sara in sich hinein, indem sie dachte: Nachdem ich alt und welk geworden bin, sollte ich noch der Liebe pflegen? auch mein Gemahl ist ja alt. ¹³ Da fragte Jahve den Abraham: „Warum lacht denn Sara und denkt: sollte ich wirklich noch gebären können, nachdem ich so alt geworden bin? ¹⁴ Gibt es denn etwas, was für Jahve unmöglich wäre? Wenn ich übers Jahr um diese Zeit wieder zu dir kommen werde, soll Sara einen Sohn haben!" ¹⁵ Da leugnete Sara und sagte: „Ich habe nicht gelacht", denn sie fürchtete sich. Da sagte er: „Freilich hast du gelacht!"

¹⁶ Hierauf machten sich die Männer wieder auf den Weg, bis sie hinabschauen konnten auf Sedom, und auch Abraham ging mit ihnen, um ihnen das Geleit zu geben. ¹⁷ Währenddem hatte Jahve erwogen: soll ich vor Abraham geheim halten, was ich zu thun im Begriffe bin? ¹⁸ da ja doch von Abraham ein großes und zahlreiches Volk ausgehen und durch ihn beglückt werden sollen alle Völker auf Erden. ¹⁹ Denn ich habe ihn erkoren, damit er seinen Kindern und seinen weiteren Nachkommen einschärfen soll, den Jahve gefälligen Weg einzuhalten, indem sie Recht und Gerechtigkeit üben, damit Jahve seine Verheißungen an Abraham in Erfüllung gehen lasse. ²⁰ Da hob Jahve an: „Die Klage über [die Leute von] Sedom und 'Amora hat wahrlich überhand genommen und ihre Verschuldung — wahrlich sie ist übergross! ²¹ Darum will ich hinab, um mich zu überzeugen, ob sie wirklich alle⁶¹) so gehandelt haben, wie die Gerüchte über sie [be-

---

61) „alle" nach der von Olshausen vorgeschlagenen LA. כֻּלָּהּ für כָּלָה.

sagen], *die vor mich gekommen sind, und wenn dem nicht so ist, so will ich es [auch] erkunden* ⁶²). ²² *Da bogen die Männer dort ab und gingen auf Sedom zu, während Jahve noch bei Abraham stehen blieb* ⁶³). ²³ *Da trat Abraham nahe herzu und sprach: „Willst du denn mit den Schuldigen auch die Unschuldigen umbringen!* ²⁴ *Vielleicht gibt es fünfzig Unschuldige in der Stadt; willst du die umbringen und nicht vielmehr die Ortschaft begnadigen, den fünfzig Unschuldigen zu liebe, die in ihr wohnen!* ²⁵ *Ferne sei es von dir, so etwas zu thun, dass du Unschuldige und Schuldige mit einander dem Tode preisgeben solltest, und so Unschuldige und Schuldige das gleiche Los teilten! Das sei ferne von dir! Sollte der, der über alle Menschen gebietet, nicht gerechtes Gericht üben?* ²⁶ *Da antwortete Jahve: „Wenn ich fünfzig Unschuldige in Sedom finden sollte, so will ich ihnen zu liebe die ganze Ortschaft begnadigen."* ²⁷ *Da hob Abraham wieder an und sprach: „Ach Herr! ich habe mich unterfangen zu dir zu reden, obschon ich Erd' und Asche bin.* ²⁸ *Vielleicht werden an den fünfzig Unschuldigen fünf fehlen; willst du wegen fünfen die ganze Stadt zu Grunde richten?" Er antwortete: „Ich werde sie nicht zu Grunde richten, wenn ich fünfundvierzig darin finde."* ²⁹ *Da fuhr er abermals fort in seiner Rede: „Vielleicht finden sich nur vierzig darin." Er antwortete: „Vierzigen zu liebe will ich davon abstehen."* ³⁰ *Da sprach er: „Ach Herr! zürne nicht, wenn ich nochmals bitte: vielleicht finden sich nur dreissig darin." Er antwortete: „Wenn ich dreissig darin finde, so will ich davon abstehen."* ³¹ *Da sprach er: „Ach Herr! Ich habe mich unterfangen zu dir zu reden, vielleicht finden sich nur zwanzig darin." Er antwortete: „Zwanzigen zu liebe will ich die Zerstörung unterlassen."* ³² *Da sprach er: „O Herr! zürne nicht, wenn ich nur das einemal noch rede: vielleicht finden sich nur zehn darin." Er antwortete: „Den zehn zu liebe will ich die*

---

62) Möglich wäre auch und vielleicht vorzuziehen: „ob sie wirklich alle so gehandelt haben . . . oder nicht; ich will's [schon] erfahren!"

63) Trotz 19, 27 (wo die umgekehrte Stellung ebenso natürlich ist, wie 18, 22 unbegreiflich) halten wir die jüdische Ueberlieferung für richtig, dass in וי ואברהם ein tiqqûn sopherîm vorliegt für יהוה etc.

Zerstörung unterlassen." ³³ Hierauf ging Jahve, nachdem er das Gespräch mit Abraham geendigt hatte, von dannen; Abraham aber kehrte nach Hause zurück⁶⁴).

19 ¹ Die beiden Engel aber gelangten nach Sedom, als Lot gerade im Thore von Sedom sass. Und als Lot sie erblickte, erhob er sich, trat ihnen entgegen und verneigte sich bis auf den Boden. ² Hierauf sprach er: „Ach meine Herren! Kehret doch ein bei eurem Diener zum Uebernachten und wascht euch die Füsse; morgen früh mögt ihr dann eures Weges ziehen." Sie aber antworteten: „Nein! wir wollen auf freier Strasse übernachten." ³ Da drang er inständig in sie, bis sie bei ihm einkehrten und sich zu ihm ins Haus begaben. Hierauf liess er ihnen ein Mal bereiten, auch frisches Brot backen, und sie speisten. ⁴ Noch hatten sie sich nicht zur Ruhe gelegt, da umringte die männliche Bevölkerung der Stadt die von Sedom das Haus, jung und alt, die ganze Bevölkerung bis auf den letzten Mann. ⁵ Die riefen Lot und sprachen zu ihm: „Wo hast du die Männer, die heut' Abend bei dir eingekehrt sind? Bringe sie uns heraus, damit wir ihnen beiwohnen." ⁶ Da ging Lot zu ihnen hinaus vor das Haus — die Thüre aber schloss er hinter sich ab — ⁷ und sprach zu ihnen: „Liebe Freunde! Begeht doch nicht eine solche Schlechtigkeit! ⁸ Hört an! ich habe zwei Töchter, die noch mit keinem Manne zu thun gehabt haben; die will ich euch hinausbringen, dann mögt ihr ihnen thun, was euch beliebt. Diesen Männern aber dürft ihr nichts thun,

---

64) Die Gründe, welche Wellh. gegen die ursprüngliche Zugehörigkeit von V. 22 b—33 a zu J geltend macht, sind nicht aus der Luft gegriffen; der שפט כל הארץ V. 25 gehört in der That einem andern Gottesbegriff an, als der von Abraham bewirtete und zur Vornahme einer Untersuchung an Ort und Stelle nach Sedom ziehende Jahve. Auch das muss zugestanden werden, dass V. 33 b sehr gut an 22 a anschliesst (während man jetzt האנשים in 22 a = „zwei von den Männern" fassen muss) und dass in 19, 21 alle Schwierigkeit wegfällt, wenn Jahve (gemäss 18, 21) selbst mit nach Sedom geht. Aber unbedingt durchschlagend sind doch diese Gründe nicht; jedenfalls entstände die Nötigung, mit 22 b ff. mindestens auch 19, 27 b zu streichen und in 19, 1 (vergl. auch 19, 15) שני המלאכים in האנשים abzuändern.

nachdem sie sich nun einmal unter den Schutz meines Daches begeben haben." ⁹ *Da schrieen sie: „Pack dich weg! Da kommt so einer her", sagten sie, „um als Beisasse [hier] zu wohnen, und will nun immerfort befehlen!* ⁶⁵) *wart jetzt wollen wir dir noch übler mitspielen, als jenen!"* *Damit drangen sie mit Gewalt auf den Mann* auf Lot *ein und drängten heran, um die Thüre zu sprengen.* ¹⁰ *Da griffen jene Männer heraus und zogen Lot zu sich herein ins Haus; die Thüre aber riegelten sie zu.* ¹¹ *Und die Leute, die vor der Thüre des Hauses standen, schlugen sie wie mit Blindheit, jung und alt, so dass sie sich vergeblich mühten, die Thüre zu finden.* ¹² *Hierauf fragten die Männer den Lot: „Hast du noch jemanden hier? Deine Schwiegersöhne* ⁶⁶) *und deine Töchter und alle Angehörigen, die du in der Stadt hast — führe sie weg von hier!* ¹³ *Denn wir sind im Begriff, diese Gegend vollständig zu verwüsten, da überlaute Klage über ihre Bewohner zu Jahve gedrungen ist; daher sandte uns Jahve, um sie vollständig zu verwüsten."* ¹⁴ *Da ging Lot hin, um mit seinen Schwiegersöhnen, die seine Töchter heiraten sollten, zu reden, und rief ihnen zu: „Auf! verlasst diese Stätte! denn Jahve ist im Begriff, die Stadt gänzlich zu zerstören."* *Seine Schwiegersöhne aber dachten nicht anders, als er treibe Scherz mit ihnen.* ¹⁵ *Als aber die Morgenröte anbrach, drängten die Engel den Lot zur Eile und sprachen: „Brich nun auf mit deinem Weibe und deinen hier gegenwärtigen Töchtern, damit du nicht mit weggerafft wirst wegen der Sündenschuld der Stadt."* ¹⁶ *Als er aber noch zögerte, da fassten die Männer ihn, sein Weib und seine Töchter bei der Hand, weil Jahve ihm Verschonung zugedacht hatte, und brachten ihn hinaus und liessen ihn draussen vor der Stadt ruhen* ⁶⁷). ¹⁷ *Während sie sie hinausbrachten, sprach er* ⁶⁸): *„Fliehe, dein Leben zu retten; sieh dich nicht*

65) Die Uebersetzung folgt der von der Masora wohl verkannten Aussprache בְּשָׁסֵם.
66) Nach der LA. חֲתָנֶיךָ für חתן ובניך; vergl. Dillmann z. St.
67) Eig. „sie deponierten ihn"; im Deutschen unübersetzbar.
68) Der unmotivierte Singular וַיֹּאמֶר stammt ohne Zweifel von einem Redaktor, der bereits V. 18—22 im Auge hatte. Damit ist freilich nicht erklärt, wie in eben diesen Versen plötzlich ein einziger

um und bleibe nirgends stehen in der Niederung, sondern fliehe auf das Gebirge, damit du nicht mit weggerafft wirst!" ¹⁸ Da antwortete Lot: „Ach nein, Herr! ¹⁹ Dein Sklave hat nun bereits deine Huld erfahren, indem du mir grosse Barmherzigkeit bewiesest und mir das Leben erhieltest; aber ich bin ausser Stande, mich auf das Gebirge zu flüchten: ich fürchte, das Verderben könnte mich ereilen, dass ich sterben müsste. ²⁰ Sieh! es ist da ein Städtchen in der Nähe, wohin ich mich flüchten könnte, und das ist etwas geringfügiges; dorthin möchte ich mich flüchten — es ist ja etwas geringfügiges —, damit ich am Leben bleibe." ²¹ Da sprach er zu ihm: „Auch in diesem Stücke will ich dir zu Willen sein und die Stadt, von der du sprichst, nicht zerstören. ²² Flüchte dich eilends dorthin, denn ich kann nichts unternehmen, bevor du dorthin gelangt bist." Um deswillen nennt man die Stadt Ṣo'ar. ²³ Die Sonne war bereits aufgegangen, als Lot Ṣo'ar erreichte. ²⁴ Inzwischen hatte Jahve Regen von Schwefel und Feuer von Jahve vom Himmel her auf Sedom und 'Amora fallen lassen, ²⁵ und so vernichtete er jene Städte und die gesamte Niederung samt allen Einwohnern der Städte und der Vegetation. ²⁶ Und sein Weib schaute sich hinter ihm um; da wurde sie zu einer Salzsäule⁶⁹).

²⁷ Abraham aber begab sich in der Frühe des nächsten Morgens an die Stelle, wo er bei Jahve gestanden hatte, ²⁸ und schaute hinab nach Sedom und 'Amora und auf die Niederung in ihrer ganzen Ausdehnung; da sah er von dem Lande drunten einen Qualm aufsteigen, wie der Qualm eines Schmelzofens. ²⁹ Als aber Elohim die Städte der Niederung zerstörte, da brachte Elohim aus Rücksicht auf Abraham den Lot sicher aus dem Bereich der Zerstörung, als er die Städte zerstörte, in denen Lot gewohnt hatte.

---

an Stelle der zwei Männer oder Engel tritt und zwar so, als ob er (gegen die ausdrückliche Voraussetzung von V. 13) Jahve in Person darstellte.

69) Die jetzige Stellung von Vers 26 lässt sich allenfalls so rechtfertigen, dass man V. 24 f. als eine Parenthese fasst; weit wahrscheinlicher aber ist, dass sich V. 26 ursprünglich an etwas jetzt ausgefallenes anschloss.

³⁰ Darauf⁷⁰) verliess Lot So'ar und zog hinauf aufs Gebirge samt seinen beiden Töchtern; denn er fürchtete sich, in So'ar zu bleiben, und er nahm seine Wohnung in einer Höhle⁷¹) mit seinen beiden Töchtern. ³¹ Da sagte die ältere zur jüngeren: „Unser Vater ist alt, und es gibt niemand im Lande, der Umgang mit uns haben könnte, wie es aller Welt Brauch ist. ³² Komm! wir wollen unserem Vater Wein zu trinken geben und uns zu ihm legen, damit wir durch unseren Vater unseren Stamm erhalten." ³³ Da gaben sie in jener Nacht ihrem Vater Wein zu trinken; hierauf ging die ältere hin und legte sich zu ihrem Vater; er aber merkte weder, wie sie sich hinlegte, noch wie sie wegging. ³⁴ Am folgenden Morgen aber sagte die ältere zur jüngeren: „Ich habe also heute Nacht bei meinem Vater gelegen; wir wollen ihm auch diese Nacht Wein zu trinken geben, dann gehe du hin und lege dich zu ihm, damit wir durch unseren Vater unseren Stamm erhalten." ³⁵ Hierauf gaben sie auch in dieser Nacht ihrem Vater Wein zu trinken; dann begab sich die jüngere hin und legte sich zu ihm; er aber merkte weder, wie sie sich hinlegte, noch wie sie wegging. ³⁶ So wurden die beiden Töchter Lots von ihrem Vater schwanger. ³⁷ Und die ältere gebar einen Sohn und nannte ihn Moab; das ist der Stammvater der heutigen Moabiter. ³⁸ Aber auch die jüngere gebar einen Sohn und nannte ihn Ben Ammi; das ist der Stammvater der heutigen Ammoniter.

20 ¹ **Und Abraham zog von dort weg ins Gebiet des Negeb und nahm seinen Aufenthalt zwischen Qadesch und Schur und verweilte [auch] in Gerar ⁷²). ² Abraham gab aber in bezug auf sein Weib Sara vor, sie sei seine Schwester; da sandte Abimelekh, der Fürst von Gerar, hin und liess Sara holen. ³ Aber Elohim kam des Nachts im Traume zu Abimelekh und sprach zu ihm: „Du musst sterben wegen des Weibes, das**

---

70) Die Unterscheidung des Abschnittes 19, 30 ff. von V. 1—28 durch andere Schrift soll nur die Verschiedenheit der Verfasser konstatieren, ohne dass wir damit über die Zeit der Entstehung von V. 30 ff. etwas zu behaupten wagen. Selbst die Annahme, dass J selbst diese Erzählung anderswoher aufgenommen, lässt sich, obwohl sehr unwahrscheinlich, nicht strikt widerlegen.

71) Masoreth. Text „in der Höhle", vielleicht im Hinblick auf eine bestimmte Oertlichkeit, die man mit Lot in Verbindung brachte.

72) V. 1 ist in Summa E zugeschrieben, obschon wir (namentlich in בגרר) einen redaktionellen Eingriff zum Zweck der ungefähren Verknüpfung mit dem Vorhergehenden für wahrscheinlich halten.

du dir angeeignet hast, denn sie ist eine verheiratete Frau."
⁴ Abimelekh aber war ihr nicht zu nahe gekommen; darum erwiderte er: „O Herr! du wirst doch nicht Unschuldige umbringen! ⁵ Hat er doch selbst gegen mich behauptet: sie ist meine Schwester; und nicht minder hat auch sie behauptet: er ist mein Bruder; in aller Herzenseinfalt und aller Unschuld habe ich so gehandelt." ⁶ Da sprach Elohim zu ihm im Traume: „Auch ich weiss wohl, dass du in aller Herzenseinfalt so gehandelt hast, und habe dich meinerseits davor bewahrt, dass du dich gegen mich versündigtest; deshalb habe ich nicht zugelassen, dass du sie berührtest. ⁷ Gib also dem Manne sein Weib zurück, denn er ist ein Prophet, und er soll Fürbitte für dich einlegen, so dass du am Leben bleibst; wenn du sie aber nicht zurückgibst, so wisse, dass du sterben musst samt allen deinen Angehörigen!" ⁸ Am anderen Morgen früh liess Abimelekh alle seine Leute rufen und erzählte ihnen alles, was vorgegangen war; da gerieten sie in grosse Furcht. ⁹ Hierauf liess Abimelekh Abraham rufen und sprach zu ihm: „Wie hast du an uns gehandelt! Was habe ich denn gegen dich verschuldet, dass du über mich und meine Untergebenen so schwere Verschuldung gebracht hast? Du hast an mir in einer Weise gehandelt, wie es nie und nimmer geschehen sollte!" ¹⁰ Und Abimelekh fragte Abraham: „Was hast du damit bezweckt, dass du so gehandelt hast?" ¹¹ Da erwiderte Abraham: „Ja ich dachte: schwerlich ist irgend welche Scheu vor Gott⁷³) an diesem Orte zu finden; daher werden sie mich umbringen um meines Weibes willen. ¹² Und sie ist auch in der That meine Schwester, die Tochter meines Vaters — nur nicht die Tochter meiner Mutter — und wurde mein Weib. ¹³ Als mich Elohim aus meiner Heimat hinausschickte in die weite Welt, da sagte ich zu ihr: „Das musst du mir zu liebe thun: wohin wir auch kommen mögen, da gibst du mich für deinen Bruder aus." ¹⁴ Da liess Abimelekh Schafe und Rinder Sklaven und Sklavinnen bringen und schenkte sie Abraham; dazu gab er ihm sein Weib Sara zurück. ¹⁵ Dann

---

73) Nur ungern verzichteten wir auf die vielleicht zutreffendere Uebersetzung: „schwerlich ist hier Religion zu finden."

sprach Abimelekh: „Mein Land steht dir offen; lass dich also nieder, wo es dir irgend gefällt!" ¹⁶ Und zu Sara sprach er: „Hier übergebe ich deinem Bruder tausend Silberstücke; dies soll für dich eine Ehrenerklärung sein gegenüber allen deinen Angehörigen, so dass du vor jedermann gerechtfertigt dastehst." ¹⁷ Hierauf legte Abraham Fürbitte bei Elohim ein; da liess Elohim den Abimelekh und sein Weib samt seinen Sklavinnen wieder gesund werden, so dass sie zeugungsfähig wurden. ¹⁸ Denn Jahve hatte um Saras, des Weibes Abrahams, willen die Leiber aller Frauen im Harem Abimelekhs verschlossen.

¹ *Inzwischen hatte Jahve an Sara erfüllt, was er ver-* 21 *heissen hatte* und Jahve verfuhr mit Sara, wie er versprochen hatte. ² *Und Sara wurde schwanger und gebar dem Abraham in seinem hohen Alter einen Sohn* ⁷⁴) zu der bestimmten Zeit, die Elohim vorausgesagt hatte. ³ Da nannte Abraham seinen neugeborenen Sohn, den Sara ihm geboren hatte, Jischaq. ⁴ Und Abraham beschnitt seinen Sohn Jischaq, als er acht Tage alt war, wie Elohim es ihm befohlen hatte. ⁵ Abraham aber war hundert Jahre alt, als ihm sein Sohn Jischaq geboren wurde. ⁶ Und Sara sprach: „Elohim hat ein Lachen um meinetwillen hervorgerufen ⁷⁵); denn wer irgend davon hört, wird lachen über mich." ⁷ *Und sie sprach: „Wer hätte je von Abraham gedacht, Sara werde Kinder [von ihm] säugen; habe ich ihm doch in seinem hohen Alter einen Sohn geboren!"* ⁸ Und der Knabe wuchs heran

---

74) Den Bericht über die Geburt Isaaks müssen alle drei Quellen gehabt haben; V. 2a ist oben J zugeschrieben, weil R sein Referat auch in V. 1a mit dieser Quelle eröffnet (die Wendung תהר ותלד gehört überall J oder E an); ויקרא mag R aus V. 7 (nach unserer Ueberzeugung J) heraufgenommen haben.

75) Die von V. 6a gegebene Uebersetzung beruht auf der Voraussetzung, dass 6a und 6b aus einer Quelle stammen. Uebersetzt man dagegen (wohl richtiger): „Elohim hat gemacht, dass ich lachen kann", so stehen die beiden Vershälften in Widerspruch mit einander. Um so mehr gewinnt dann die Vermutung Budde's (Urgesch. S. 224) an Wahrscheinlichkeit, dass 6b ursprünglich (bei J) hinter V. 7 stand, worauf dann noch die Zurückführung der Benennung auf diesen Anlass (von R wegen der anderweitigen Motivierungen des Namens weggelassen) gefolgt sein muss.

und wurde entwöhnt; da veranstaltete Abraham ein Festgelage auf den Tag, wo Jischaq entwöhnt wurde. ⁹ Als nun Sara den Sohn der Egypterin Hagar, welchen sie dem Abraham geboren hatte, lachen sah, ¹⁰ da sagte sie zu Abraham: „Jage diese Sklavin samt ihrem Sohne weg; denn der Sohn dieser Sklavin soll nicht erbberechtigt sein neben meinem Sohne, neben Jischaq!" ¹¹ Dem Abraham aber missfiel die Sache sehr von wegen seines Sohnes. ¹² Da sprach Elohim zu Abraham: „Lass es dir nicht leid sein in betreff des Knaben und in betreff deiner Sklavin; willfahre Sara in allem, was sie von dir verlangt; denn an Jischaq hängt es, dass von Nachkommen Abrahams die Rede sein wird. ¹³ Aber auch von dem Sohne der Sklavin will ich ein Volk abstammen lassen, weil er dein Sohn ist." ¹⁴ Am anderen Morgen früh nahm Abraham Brot und einen Schlauch mit Wasser und gab [beides] der Hagar; das Kind aber setzte er ihr auf die Schulter ⁷⁶) und schickte sie fort. Da ging sie hinweg und irrte umher in der Steppe von Beer Schebaʽ. ¹⁵ Als nun das Wasser im Schlauche zu Ende gegangen war, da warf sie den Knaben unter den ersten besten Strauch, ¹⁶ ging hin und setzte sich abseits einen Bogenschuss weit; denn sie dachte: ich kann das Sterben des Kindes nicht mit ansehen; darum setzte sie sich abseits; das Kind aber begann laut zu weinen ⁷⁷). ¹⁷ Als nun Elohim das Schreien des Knaben hörte, da rief der Engel Elohims der Hagar vom Himmel her zu und fragte sie: „Was fehlt dir, Hagar? sei getrost! Elohim hat das Schreien des Kindes gehört eben da, wo es liegt. ¹⁸ Geh, hebe den Knaben

---

76) Obige Uebersetzung nach dem Text der LXX; der jetzige hebräische oder vielmehr unhebräische Text „er gab es Hagar, legend auf ihre Schulter, und den Knaben" entstammt einer späten Reflexion darüber, dass der (nach der Chronologie von Q) 16—17jährige doch nicht gut auf der Schulter Hagars seinen Platz finden konnte; dabei blieb aber V. 15 (der nur dann einen Sinn gibt, wenn Hagar den Knaben vorher getragen hat) unangetastet.

77) V. 17b nach dem Text der LXX, der im masor. Text wieder in harmonistischem Interesse (s. die vorige Anm.) abgeändert ist. Mit dem redaktionellen Eingriff hängt vielleicht auch die auffällige Wiederholung des מנער ותשא zusammen.

auf und fasse ihn bei der Hand; denn ich will ein grosses Volk aus ihm werden lassen." ¹⁹ Und Elohim that ihr die Augen auf, so dass sie einen Wasserquell erblickte; da ging sie hin und füllte den Schlauch mit Wasser und gab dem Knaben zu trinken. ²⁰ Und Elohim war mit dem Knaben: er wuchs heran, nahm seinen Aufenthalt in der Steppe und wurde ein Schütz, ein Bogenschütz ⁷⁸), ²¹ und zwar nahm er seinen Aufenthalt in der Steppe Paran, und seine Mutter verheiratete ihn mit einer Egypterin.

²² Um jene Zeit verhandelte Abimelekh und Pikhol, sein Heerführer, mit Abraham und sprach: „Elohim ist mit dir bei allem, was du thust. ²³ Darum schwöre mir jetzt bei Elohim allhier, dass du an mir und meiner gesamten Sippschaft nimmermehr treulos handeln willst, und dieselbe Freundschaft, die ich dir erwiesen habe, sollst du mir und den Bewohnern des Landes erweisen, in welchem du Beisass geworden bist." ²⁴ Da erwiderte Abraham: „Ich will den Schwur leisten." ²⁵ Abraham aber setzte den Abimelekh zur Rede wegen eines Brunnens, welchen die Sklaven Abimelekhs widerrechtlich in Beschlag genommen hatten. ²⁶ Abimelekh erwiderte: „Mir ist unbekannt, wer dies gethan hat; weder hast du mir bisher etwas davon gesagt, noch habe ich bis heute davon gehört." ²⁷ Da liess Abraham Schafe und Rinder bringen und übergab sie dem Abimelekh, und so schlossen sie einen Vertrag mit einander. ²⁸ Abraham aber stellte die ⁷⁹) sieben Lämmer be-

---

78) קשת wohl alte Glosse zur Erklärung des ungewöhnlichen רבה.

79) Die Determination ist im jetzigen Kontext unverständlich; sie erklärt sich daraus, dass der letztere aus einer Zusammenarbeitung zweier verschiedener Berichte hervorgegangen ist. Für den einen war der Hauptgesichtspunkt das in V. 23 berichtete Versprechen Abrahams, für den andern das Eigentumsrecht Abrahams auf den Brunnen zu Beer Scheba'. Die Doppelheit des Berichts zeigt sich, abgesehen von dem zweimaligen ויכרת ברית V. 27. 32, auch in der doppelten Motivierung des Namens, die sich nur künstlich auf eine einzige zurückführen lässt; die eine leitet den Namen direkt von שבע sieben, die andere von dem Verbum נשבע ab. Ob die nicht zu E gehörigen Elemente aus J stammen, wagen wir trotz V. 32 b ff., welche R sicher aus J aufgenommen hat, nicht zu entscheiden.

sonders. ²⁹ Da fragte Abimelekh den Abraham: „Was haben diese sieben Lämmer zu bedeuten, die du besonders gestellt hast?" ³⁰ Abraham antwortete: „Die sieben Lämmer musst du von mir annehmen; darin soll für mich eine Anerkennung der Thatsache liegen, dass ich diesen Brunnen gegraben habe." ³¹ Deswegen heisst jene Oertlichkeit Beer Scheba', weil sie dort einander geschworen haben. ³² So schlossen sie einen Vertrag zu Beer Scheba'; *sodann brachen Abimelekh und Pikhol, sein Heerführer, auf und kehrten ins Philisterland zurück.* ³³ *Er aber pflanzte eine Tamariske in Beer Scheba' und rief Jahve an, den ewigen Gott.* ³⁴ *Abraham aber verweilte geraume Zeit im Philisterland* ⁸⁰).

22 ¹ Nach jenen Begebenheiten wollte Elohim Abraham prüfen; da rief er ihn an: „Abraham!" Er antwortete: „Ich höre." ² Da gebot er ihm: „Nimm deinen Sohn, deinen einzigen, den du lieb hast, den Jischaq, begieb dich in die Gegend von Hammorija ⁸¹) und bringe ihn dort als Brandopfer dar auf

---

80) V. 32 b—34 sind in summa J zugewiesen, obschon sie dort ursprünglich nicht beisammengestanden haben können. Wenn Abimelekh und Pikhol V. 32 b ins Land der Philister (vergl. 26, 1 al. bei J) zurückkehren, so sind sie, wie 26, 26 zu Jischaq, von dort zu Abraham nach Beer Scheba' gekommen (während sie nach V. 22 f., wie in K. 20, beständig mit Abraham beisammen gewesen zu sein scheinen); Abraham aber bleibt nach V. 33 zu Beer Scheba'. Darnach muss V. 34, wenn gleichfalls J angehörig, bei diesem in ganz anderem Zusammenhang gestanden haben. Schliesslich muss noch gefragt werden, ob nicht die aus J hierher verpflanzten Züge ursprünglich alle dem jetzt in K. 26 vorliegenden Bericht angehörten, und namentlich, ob nicht als das ursprüngliche Subjekt des jetzt subjektlosen וישׁ 21, 33 Jischaq (etwa im Zusammenhang von 26, 25) zu betrachten ist. Andernfalls hätte J, wenn ihm etwas von den etymologischen Anspielungen in 21, 23 ff. angehört, die Benennung von Beer Scheba' aus zwei verschiedenen Anlässen abgeleitet.

81) Nach allgemeiner Ansicht muss המריה wegen V. 14 von R (und zwar wohl JE*) eingefügt sein. Was E dafür hatte (jedenfalls irgend eine notorische Menschenopferstätte) lässt sich nicht mehr ausmachen. Ob auch in על אחר ההרים etc. ein redaktioneller Eingriff vorliegt? Wie V. 3 zeigt, muss vorher neben der Gegend auch eine

einer der Berghöhen, die ich dir bestimmen werde." ³ Da zäumte Abraham am andern Morgen früh seinen Esel auf, berief seine beiden Haussklaven zu sich, dazu seinen Sohn Jischaq, spaltete das zum Opfer nötige Holz, brach auf und zog nach der Stätte, welche ihm Elohim genannt hatte. ⁴ Am dritten Tage aber erblickte Abraham die Stätte von weitem. ⁵ Da befahl Abraham seinen Sklaven: „Bleibt mit dem Esel hier; unterdessen werden ich und der Knabe bis dorthin gehen, unsere Andacht verrichten und dann wieder zu euch kommen." ⁶ Hierauf nahm Abraham die Holzscheite zum Brandopfer und lud sie seinem Sohne Jischaq auf; sodann ergriff er einen Feuerbrand und das Schlachtmesser; so zogen sie miteinander von dannen. ⁷ Da hob Jischaq an und sagte zu seinem Vater Abraham: „Vater!" Der antwortete: „Was willst du? mein Sohn!" Da sagte er: „Das Feuer und die Holzscheite sind da; aber wo ist das Schaf zum Brandopfer?" ⁸ Da erwiderte Abraham: „Mein Sohn! Elohim wird schon für ein Schaf zum Brandopfer sorgen." So gingen sie miteinander weiter. ⁹ Als sie nun an die Stelle gelangt waren, die Elohim genannt hatte, errichtete Abraham dort den [erforderlichen] Altar und legte die Holzscheite darauf zurecht; hierauf fesselte er seinen Sohn Jischaq und legte ihn auf den Altar oben über die Scheite. ¹⁰ Dann griff Abraham nach dem Messer, um seinen Sohn zu schlachten. ¹¹ Da rief ihm der Engel Jahves ⁸²) vom Himmel her zu: „Abraham, Abraham!" Er erwiderte: „Ich höre." ¹² Da rief er: „Lege nicht Hand an den Knaben und thue ihm nichts zu leide! denn nun ist mir bewiesen, dass du gottesfürchtig bist, da du deinen einzigen Sohn mir nicht entziehen wolltest." ¹³ Als nun Abraham aufschaute, gewahrte er [hinter sich] ⁸³) einen Widder, der sich im Dickicht mit seinen Hörnern verfangen hatte, da ging Abraham hin, holte den Widder und brachte ihn als Opfer dar an Stelle seines Sohnes. ¹⁴ Da

---

bestimmte heilige Stätte (vergl. über diesen prägnanten Gebrauch von המקום Anm. 112) genannt gewesen sein.

82) Wie 21, 17, muss E selbst מלאך אלהים gehabt haben.

83) „hinter sich" wohl besser zu streichen und mit Sam. und fast allen alten Versionen אחד für אחר zu lesen.

nannte Abraham jene Stätte⁸⁴): Jahve steht! daher man noch heute zu sagen pflegt: auf dem Berge, wo Jahve erscheint⁸⁵). ¹⁵ Da rief der Engel Jahves den Abraham ein zweitesmal an vom Himmel her, ¹⁶ indem er sprach: „Bei mir selbst schwöre ich, so lautet der Spruch Jahves: dafür daß du dies gethan und deinen einzigen Sohn mir nicht hast vorenthalten wollen, ¹⁷ will ich dich reichlich segnen und deine Nachkommen so überaus zahlreich werden lassen, wie die Sterne am Himmel und den Sand am Meeresufer, und deine Nachkommen sollen sich der Chore ihrer Feinde bemächtigen. ¹⁸ Und alle Völker der Erde sollen durch deine Nachkommen beglückt⁸⁶) werden, zum Lohn dafür, daß du meinem Befehl gehorcht hast." ¹⁹ **Hierauf kehrte Abraham zu seinen Sklaven zurück; dann brachen sie auf und zogen miteinader nach Beer Scheba', und Abraham blieb in Beer Scheba wohnen.**

²⁰ Nach diesen Begebenheiten⁸⁷) *wurde dem Abraham die Botschaft: Auch Milka hat deinem Bruder Nachor Söhne geboren,* ²¹ *Us seinen Erstgeborenen und dessen Bruder Buz und Qemuel, von dem die Aramaeer stammen.* ²² *Kesed, Chazo, Pildasch, Jidlaph und Betu'el.* ²³ *Betu'el aber erzeugte die Ribqa; diese acht hat Milka dem Nachor, dem Bruder Abrahams, geboren.* ²⁴ *Er hatte aber auch ein Kebsweib namens Re'uma; auch die gebar, nämlich Tebach, Gacham, Tachasch und Ma'akha.*

23 ¹ Es belief sich aber das Lebensalter Saras auf 127 Jahre, — [das waren] die Lebensjahre Saras. ² Da starb Sara in Qirjat Arba', das ist Chebron in Kena'an, und Abraham ging hin, um die Totenklage um Sara zu halten und sie zu beweinen. ³ Dann stand Abraham auf⁸⁸) und verließ den Leichnam; hierauf ver-

84) Ob nicht auch E eine Etymologie seiner Opferstätte gegeben und somit 14 a eigentlich zu E gehört, mag auf sich beruhen.

85) Gegen die Accente, welche הר יהוה verbinden.

86) „beglückt"; trotz des Consensus der Ausleger vermögen wir einen Unterschied der Bedeutung zwischen Niph. und Hithpa. in den betreffenden Stellen nicht anzunehmen und fassen auch das letztere im Sinn von „sich beglückt finden", d. h. eben „beglückt werden".

87) ויהי אחרי הדברים הא', welche Formel sonst E angehört, muss hier an der Spitze eines Abschnitts aus J (vergl. Budde, Urgesch. S. 220) auf Rechnung eines Redaktors gesetzt werden.

88) „stand auf", vorausgesetzt, dass an eine Trauerhandlung,

handelte er mit den Chittitern, wie folgt: ⁴ „Als Gast und Bei=
saße wohne ich unter euch; tretet mir hier bei euch ein Erbbegräb=
nis ab, damit ich meine Tote aus dem Hause bringe und bestatte."
⁵ Da antworteten die Chittiter dem Abraham ⁸⁹): ⁶ „Höre uns
doch an, Herr! Als ein gar gewaltiger Fürst weilst du unter uns;
bestatte deine Tote in der besten unserer Grabkammern, keiner von
uns wird dir für die Bestattung deiner Toten sein Grab verweigern."
⁷ Da erhob sich Abraham und verneigte sich vor den Landesein=
geborenen, den Chittitern. ⁸ Und er verhandelte weiter mit ihnen:
„Wenn es euch genehm ist, daß ich meine Tote aus dem Hause
bringe und bestatte, so seid so gut und legt Fürsprache für mich
ein bei 'Ephron, dem Sohne des Sochar, ⁹ daß er mir die ihm
gehörige Höhle Makhpela, die am äußersten Ende seines Grund=
stückes liegt, abtrete; um den vollen Betrag soll er sie mir abtreten
zum Erbbegräbnis hier bei euch." ¹⁰ 'Ephron aber saß mit da
unter den Chittitern. Da erwiderte 'Ephron, der Chittiter, dem
Abraham frei öffentlich vor den Chittitern, vor allen Ortsansäßigen,
wie folgt: ¹¹ „Nicht doch, Herr! höre mich an! Ich schenke dir
das Grundstück, und auch die Höhle, die dort liegt, schenke ich dir;
meine Stammesgenossen sind Zeugen, daß ich sie dir schenke; bestatte
du nur deine Tote!" ¹² Da verneigte sich Abraham vor den
Landeseingeborenen; ¹³ sodann aber sprach er zu 'Ephron, so daß
es die Landeseingeborenen hörten, folgendermaßen: „Ja wenn du
— höre mich einmal an! Ich zahle den Preis für das Grund=
stück; nimm ihn von mir an, damit ich meine Tote darin bestatte."
¹⁴ 'Ephron aber erwiderte Abraham, wie folgt: ¹⁵„ Höre mich doch
an, Herr! Ein Stück Land von vierhundert Silberschekel Wert,
was hat das unter uns zu sagen? bestatte du nur deine Tote!"
¹⁶ Da ging Abraham auf die Forderung 'Ephrons ein, und Abra=
ham wog dem 'Ephron den Kaufpreis dar, von dem er im Beisein
der Chittiter gesprochen hatte: vierhundert Schekel Silber, kurante
Münze. ¹⁷ Da wurde das Grundstück 'Ephrons bei Makhpela
gegenüber Mamre, das Grundstück mit der Höhle darauf und mit

---

wie 2 Sam. 12, 16 (שכב = ארצה), zu denken ist. Vielleicht ist aber
ויקם nur der so häufige, für uns unübersetzbare Hinweis auf ein
nachfolgendes Verbum der Bewegung.
89) Hier, wie V. 14, nach der LA שמעוני לאמר; vergl. V. 13.

allen Bäumen, die sich auf dem Grundstück befanden in seinem ganzen Bereich, ¹⁸ dem Abraham rechtskräftig zu eigen, im Beisein der Chittiter, aller Ortsansässigen. ¹⁹ Darnach bestattete Abraham sein Weib Sara in der Höhle des Grundstückes Makhpela gegenüber Mamre, das ist Chebron, in Kena'an. ²⁰ So überkam Abraham das Grundstück und die Höhle darauf rechtskräftig zum Erbbegräbnis von den Chittitern.

24 ¹ *Abraham aber war alt und hochbetagt, und Jahve hatte Abraham in jeder Hinsicht gesegnet.* ² *Da gebot Abraham seinem Sklaven, dem Aufseher über sein Hauswesen, der die Verfügung hatte über alles, was ihm gehörte: „Lieber, lege deine Hand unter meine Lende;* ³ *denn du musst mir schwören bei Jahve, dem Gott des Himmels und der Erde, dass du meinem Sohne nicht ein Weib freien willst aus dem Volke der Kena'aniter, unter denen ich wohne,* ⁴ *sondern dass du dich in mein Vaterland und zu meiner Verwandtschaft begeben willst, um meinem Sohne, dem Jischaq, ein Weib zu freien."* ⁵ *Da antwortete ihm der Sklave: „Wenn nun aber das betreffende Mädchen sich etwa weigern sollte, mir in dieses Land zu folgen, soll ich dann deinen Sohn wieder in das Land zurückbringen, von wo du einst ausgewandert bist?"* ⁶ *Da sprach Abraham zu ihm: „Unter keinen Umständen darfst du meinen Sohn dorthin zurückbringen.* ⁷ *Jahve, der Gott des Himmels, der mich hinweggeführt hat aus meinem Elternhause und dem Heimatlande meines Stammes, der zu mir geredet und der mir zugeschworen hat: deinen Nachkommen will ich dieses Land verleihen — der wird seinen Engel voraussenden vor dir, damit du meinem Sohne ein Weib von dort holest.* ⁸ *Und wenn sich das Mädchen weigern sollte, dir zu folgen, so bist du dieses mir geleisteten Eides quitt; keinesfalls aber darfst du meinen Sohn dorthin zurückführen."* ⁹ *Da legte der Sklave seine Hand unter die Lende seines Gebieters Abraham und leistete ihm den verlangten Eid.* ¹⁰ *Hierauf nahm der Sklave zehn Kamele von den Kamelen seines Gebieters* ⁹⁰*), brach auf unter Mitnahme*

---

90) Das nach אדניו folgende וילך ist als irrtümlich aus 10 b vorausgenommen mit LXX zu streichen.

von allerlei Kleinodien seines Gebieters und zog nach Aram Naharajim, nach der Stadt Nachors. ¹¹ *Da liess er die Kamele ausserhalb der Stadt bei einem Brunnen sich lagern, um die Abendzeit, wo die Weiber herauszukommen pflegen, um Wasser zu holen.* ¹² *Da betete er: „Jahve, Gott meines Gebieters Abraham, lass es mir heute gelingen und erweise dich gnädig gegen meinen Gebieter Abraham!* ¹³ *Wenn ich jetzt dastehe bei der Quelle und die Töchter der Stadtbewohner herauskommen, um Wasser zu holen —* ¹⁴ *wenn dann das Mädchen, das ich bitten werde: halte mir doch deinen Krug her, damit ich trinke, antwortet: trinke und auch deine Kamele will ich tränken — d i e hast du bestimmt für deinen Diener Jischaq, und daran will ich erkennen, dass du dich gegen meinen Gebieter gnädig erweisen willst!"* ¹⁵ *Noch hatte er nicht ausgeredet, da kam, den Krug auf der Schulter, Ribqa, die Tochter Betu'els, des Sohnes der Milka, des Weibes Nachors, des Bruders Abrahams.* ¹⁶ *Das Mädchen aber war überaus schön, eine Jungfrau und noch unberührt; sie gieng hinab zur Quelle, füllte ihren Krug und kam wieder herauf.* ¹⁷ *Da lief der Sklave ihr entgegen und bat sie: „Lass mich doch ein wenig Wasser trinken aus deinem Kruge!"* ¹⁸ *Sie antwortete: „Gern, o Herr!" Damit liess sie rasch ihren Krug herab auf ihre Hand und gab ihm zu trinken.* ¹⁹ *Als sie nun seinen Durst gestillt hatte, sagte sie: „Auch für deine Kamele will ich Wasser holen, bis sie sich satt getrunken haben."* ²⁰ *Hierauf goss sie eilig ihren Krug aus in die Tränkrinne, lief wieder zur Quelle zurück, schöpfte und holte Wasser für alle seine Kamele.* ²¹ *Währenddem sah ihr der Mann voll Erstaunen* [sprachlos ⁹¹]) *zu, begierig zu erfahren, ob Jahve sein Unternehmen habe gelingen lassen oder nicht.* ²² *Als nun die Kamele sich satt getrunken hatten, da brachte der Mann einen goldenen Nasenring herbei, einen halben Scheqel schwer, und zwei goldene Armbänder von zehn Scheqel Gewicht für ihre Arme,* ²³ *und fragte sie: „Sag an, wessen Tochter bist du? Ist im Hause deines Vaters Raum für uns zum Uebernachten?"* ²⁴ *Sie ant-*

---

91) מחריש scheint uns alte Glosse zur Erklärung des dunklen משתאה.

wortete ihm: „Ich bin die Tochter Betu'els, des Sohnes der Milka, den sie dem Nachor geboren hat." ²⁵ Und weiter antwortete sie: „Wir haben Häckerling und auch Futter in Fülle, auch Raum zum Uebernachten." ²⁶ Da verneigte sich der Mann und bezeugte voller Demut seine Dankbarkeit vor Jahve ²⁷ und sprach: „Preis sei Jahve, dem Gott meines Gebieters Abraham, der es nicht hat fehlen lassen an Erweisen seiner Huld und Treue gegenüber meinem Gebieter; ja mit mir war Jahve auf meiner Reise und hat mich zum Hause der Verwandten meines Gebieters geführt." ²⁸ Das Mädchen aber lief und berichtete im Harem, was sich zugetragen hatte. ²⁹ᵃ Nun hatte Ribqa einen Bruder namens Laban⁹²). ³⁰ᵃ Als dieser nun den Ring [an der Nase] und die Spangen an den Armen seiner Schwester erblickte und hörte, wie seine Schwester Ribqa erzählte: „so und so hat der Mann zu mir gesagt" — ²⁹ᵇ da lief Laban eilig hin zu dem Manne, hinaus an die Quelle, ³⁰ᵇ und er kam zu dem Manne; der aber befand sich noch immer bei den Kamelen an der Quelle. ³¹ Da rief er: „Komm herein, du von Jahve Gesegneter! warum stehst du draussen? Habe ich doch das Haus aufgeräumt und für die Kamele Platz geschafft." ³² Als nun der Mann zum Hause gelangt war, säumte er [Laban] die Kamele ab; hierauf reichte er den Kamelen Häckerling und Futter und [brachte] Wasser für ihn und seine Begleiter zum Waschen der Füsse. ³³ Als ihm aber zu essen vorgesetzt wurde, da sprach er: „Ich esse nicht, bevor ich meine Sache vorgebracht habe." Er antwortete: „So rede!" ³⁴ Da sprach er: „Ich bin der Sklave Abrahams. ³⁵ Jahve hat meinen Gebieter reich gesegnet, so dass er zu grossem Wohlstand gelangt ist, und hat ihm Schafe und Rinder, Gold und Silber, Sklaven und Sklavinnen und Kamele und Esel geschenkt. ³⁶ Und Sara, das Weib meines Gebieters, gebar meinem Gebieter einen Sohn, als er schon hochbetagt war; dem übergab er alle seine Habe. ³⁷ Es verpflichtete mich aber mein Gebieter eidlich: du darfst meinem Sohne kein Weib freien aus dem Volk der Kenaaniter, in deren Lande ich wohne, ³⁸ sondern sollst dich in mein Vater-

---

92) Die Notwendigkeit, V. 29 b und 30 a umzusetzen, hat bereits Ilgen richtig erkannt.

land und zu meiner Verwandtschaft begeben, um meinem Sohne ein Weib zu freien. **39** Da antwortete ich meinem Gebieter: Wenn nun aber das betreffende Mädchen mir nicht folgen will? **40** Da sprach er: Jahve, vor dessen Angesicht ich meinen Wandel geführt habe, wird seinen Engel mit dir senden und dir Glück zu deiner Reise geben, so dass du meinem Sohne ein Weib aus meiner Verwandschaft, der Familie meines Vaters, freiest. **41** Dann sollst du des mir geleisteten Eides quitt sein, wenn du dich zu meiner Verwandtschaft begeben wirst ... [93]); aber auch, wenn man [sie] dir nicht gibt, sollst du deines Eides quitt sein. **42** Als ich nun heute zu der Quelle kam, betete ich: Jahve, du Gott meines Gebieters Abraham! wenn du Glück geben willst zu der Reise, auf der ich mich befinde, **43** so soll, wenn ich jetzt dastehe bei der Quelle, das [erste] Mädchen, das herauskommt, Wasser zu schöpfen, und das ich bitten werde: gib mir doch ein wenig Wasser zu trinken aus deinem Kruge, **44** und das dann antwortet: trinke und auch deine Kamele will ich tränken — die soll das Weib sein, welches Jahve dem Sohne meines Gebieters bestimmt hat. **45** Kaum hatte ich so bei mir beschlossen, da kam Ribqa [aus dem Ort] heraus, den Krug auf der Schulter, ging zur Quelle hinab und schöpfte Wasser. Da bat ich sie: Gib mir zu trinken! **46** Sie aber liess rasch ihren Krug herab und sagte: Trinke! und auch deine Kamele will ich tränken. Da trank ich, und sie tränkte auch die Kamele. **47** Hierauf fragte ich sie: Wessen Tochter bist du? Sie antwortete: Ich bin die Tochter des Sohnes Nachors, des Betu'el, den ihm Milka geboren hat. Da legte ich ihr den Nasenring und die Armspangen an. **48** Dann verneigte ich mich, bezeugte voll Demut meine Dankbarkeit vor Jahve und pries Jahve, den Gott meines Gebieters Abraham, dafür, dass er mich gerades Weges dazu geführt hatte, die Tochter des Bruders meines Gebieters für seinen Sohn zu freien. **49** Wenn ihr nun also meinem Gebieter Liebe und Treue erweisen wollt, so sagt es frei heraus; wenn aber nicht, so sagt

---

93) Nach 41a muss ein Satz ausgefallen sein, etwa „und dort ein Weib für Jischaq erbittest"; ohne dies hat das folgende keinen rechten Sinn.

es [gleichfalls] frei heraus, damit ich mich darnach richten kann." ⁵⁰ *Da antwortete Laban* und Betuel ⁹⁴) *und sprachen: „Das ist eine Fügung Jahves; wir können gar nichts dazu sagen.* ⁵¹ *Ribqa steht dir zur Verfügung; nimm sie mit dir, damit sie das Weib des Sohnes deines Gebieters werde, wie Jahve es gefügt hat."* ⁵² *Als nun der Sklave Abrahams ihre Antwort vernahm, verneigte er sich voller Dankbarkeit gegen Jahve.* ⁵³ *Dann brachte der Sklave Gold- und Silbersachen und Gewänder zum Vorschein und schenkte sie der Ribqa; auch ihrem Bruder und ihrer Mutter schenkte er Kleinodien.* ⁵⁴ *Dann ass und trank er samt seinen Begleitern, und sie legten sich schlafen. Am anderen Morgen aber, als sie aufgestanden waren, sprach er: „Lasst mich meines Weges ziehen zu meinem Gebieter!"* ⁵⁵ *Da erwiderten ihr Bruder und ihre Mutter: „Das Mädchen sollte doch noch einige Tage oder lieber gleich zehn bei uns bleiben; dann mag sie ziehen* ⁹⁵)*."* ⁵⁶ *Er aber bat: „Haltet mich nicht auf, nachdem nun Jahve meine Reise hat glücken lassen; lasst mich meines Weges ziehen zu meinem Gebieter!"* ⁵⁷ *Sie erwiderten: „Wir wollen das Mädchen rufen und sie selbst befragen."* ⁵⁸ *Hierauf riefen sie Ribqa und fragten sie: „Willst du mit dem Manne da ziehen?" Sie antwortete: „Ja."* ⁵⁹ *Da liessen sie sie ziehen, ihre Schwester Ribqa mit ihrer Amme und dem Sklaven Abrahams nebst seinen Begleitern.* ⁶⁰ *Und sie verabschiedeten Ribqa mit Segenswünschen und sprachen zu ihr: „O Schwester! mögest du Stammmutter werden von ungezählten Tausenden, und deine Nachkommen sollen sich der Thore ihrer Feinde bemächtigen."* ⁶¹ *Hierauf brachen Ribqa und ihre Dienerinnen auf und setzten sich auf die Kamele und folgten dem Manne; da nahm der Sklave Ribqa mit sich und zog . . .* ⁹⁶)*.* ⁶² *Jischaq aber war von . . . Be'er Lachajroi gekommen . . .* ⁹⁷)*; der wohnte im Gebiet des Ne-*

---

94) Dass Betuel, wenn er V. 50 von Haus aus im Texte stand, in V. 53 gar keine Erwähnung gefunden hätte, scheint undenkbar.

95) „sie" nach LXX; richtiger vielleicht „dann magst du ziehen."

96) V. 61 a duldet 61 b nicht neben sich; woher 61 b ursprünglich stammen mag und welcher Akkusativ der Richtung auf ויך folgte, darüber vergl. die folgende Anm.

97) Dass irgendwo in Kap. 24 und zwar höchstwahrscheinlich

geb. **⁶³** *Einst war Jischaq ausgegangen, um draussen im Freien zu . . .* **⁹⁸**)*, als der Abend anbrach; als er nun aufblickte, sah er Kamele des Weges kommen.* **⁶⁴** *Als aber Ribqa aufschaute, erblickte sie den Jischaq; da sprang sie herab vom Kamele* **⁶⁵** *und fragte den Sklaven: „Wer ist der Mann, der da auf uns zuschreitet?" Der Sklave antwortete: „Es ist mein Gebieter." Da griff sie nach dem Schleier und verhüllte sich.* **⁶⁶** *Hierauf erzählte der Sklave dem Jischaq alles, was er verrichtet hatte.* **⁶⁷** *Jischaq aber führte sie hinein ins Zelt* seiner Mutter Sara *und heiratete* **⁹⁹**) *die Ribqa; so wurde sie sein Weib, und er gewann sie lieb; da tröstete sich Jischaq über den Verlust* seiner Mutter **¹⁰⁰**)*.*

---

nach V. 61 der Tod Abrahams erzählt gewesen sein muss, sowie dass R notgedrungen diesen Passus wegliess, weil er gleich darauf den Bericht von Q (25, 7 ff.) bringen wollte, ist längst von Wellhausen (Compos. XXI, 418) richtig erkannt und näher begründet worden. Wie weit jedoch der redaktionelle Eingriff in V. 61 ff. geht, wird immer unentschieden bleiben müssen. Uns scheint der Sachverhalt folgender. Auf 61 a folgte die Notiz, dass der Knecht bei seiner Ankunft zu Hebron Abraham tot fand und infolge dessen mit Ribqa weiter zog ins Negeb (hierher würde dann 61 b gehören). Wenn LXX und Sam. mit במדבר statt מבוא im Rechte sind und בָּא aus urspr. ויבא entstand (so Dillmann), so wäre eher der Knecht, als Jischaq, Subjekt dieses ויבא (urspr. vielleicht: da zog er weiter ins Negeb und gelangte zu Jischaq; der wohnte in der Steppe von Be'er L.). Andernfalls wäre nur eine Möglichkeit ם בא ויצחק als Rest des Textes von J festzuhalten, nämlich (wie oben in der Uebersetzung) Jischaq war von . . . herbeigekommen (zur Bestattung Abrahams). Freilich findet sich nirgends eine Spur davon, dass sich Jischaq noch bei Lebzeiten Abrahams von diesem getrennt hatte. Dass die Hereinziehung von Be'er Lachajroi nicht erst auf Rechnung des Redaktors zu setzen ist, ergibt sich aus 25, 11 b (J), welcher Vers (samt V. 1—5) nach allgemeiner Uebereinstimmung bei J vor Kap. 24 gestanden haben muss (wie sich denn 24, 36 auf 25, 5 zurückbezieht).

98) לשיח unverständlich; am ehesten dürfte etwas darin stecken, was auf die Trauer um seine Mutter (V. 67, resp. um seinen Vater, s. u.) Bezug hatte.

99) ויקח kann unmöglich in diesem Zusammenhang gestanden haben; ob ויבא אל?

100) Wenn nach V. 61 der Tod Abrahams berichtet war (s. o.

25 ¹ *Abraham aber nahm nochmals ein Weib, namens Qetura,* ² *und sie gebar ihm Zimran, Joqschan, Medan, Midjan, Jischbaq und Schuch.* ³ *Joqschan aber erzeugte Scheba und Dedan, und die Söhne Dedans waren die Aschuriter, Letuschiter und Le'ummiter.* ⁴ *Und die Söhne Midjans waren 'Epha, 'Epher, Chanokh, Abida' und Elda'a; alle diese sind Abkömmlinge von Qetura.* ⁵ *Abraham aber übergab alle seine Habe dem Jischaq* ¹⁰¹). ⁶ Die Söhne dagegen, die Abraham von seinen Kebsweibern hatte, fand Abraham mit Gaben ab und ließ sie [noch] bei seinen Lebzeiten aus dem Bereich seines Sohnes Jischaq oftwärts in das Oftland ziehen ¹⁰²). ⁷ Dies aber ist die Dauer der Lebensjahre Abrahams, die er durchlebte: 175 Jahre. ⁸ Und Abraham verschied; er starb aber in schönem Alter, hochbetagt und lebensfatt, und ging ein zu seinen Stammesgenossen. ⁹ Und es bestatteten ihn seine Söhne Jischaq und Jischma'el in der Höhle Makhpela auf dem Grundstück des Chittiters 'Ephron, des Sohnes Sochars, welches Mamre gegenüber liegt; ¹⁰ auf dem Grundstück, das Abraham von den Chittitern erkauft hatte: dort wurden Abraham und sein Weib Sara bestattet. ¹¹ Nach dem Tode Abrahams aber wurde sein Sohn Jischaq reich gesegnet von Elohim; *Jischaq aber wohnte bei Be'er Lachajroi.*

¹² Dies aber ist die Stammtafel Jischma'els, des Sohnes Abrahams, den die Egypterin Hagar, die Leibmagd Saras, dem Abraham geboren hat. ¹³ Und dies sind die Namen der Söhne Jischma'els nach ihren Namen, ihrem Stammbaum: der Erstgeborene Jischma'els Nebajot; Qedar, Adbe'el, Mibsam, ¹⁴ Mischma', Duma, Massa, ¹⁵ Chadad, Tema, Jetur, Naphisch und Qedma. ¹⁶ Das sind die Söhne Jischma'els und dies ihre Namen nach ihren Nieder-

Anm. 97) und שרה אמי V. 67 sich schon durch das monströse Hebräisch als Glosse zu erkennen gibt, so wird Wellh. auch damit recht haben, dass אם am Schluss erst nachträglich für אבי eingesetzt ist.

101) Ueber die ursprüngliche Zugehörigkeit dieses Verses zu J vergl. Anm. 97 a. E.; nachträglich mag noch die Vermutung ausgesprochen sein, dass 25, 5 ursprünglich nach 24, 1 stand; so erklärt sich auch am einfachsten die Wiederholung des Subjekts in 24, 2.

102) Die Gründe für die Zuweisung dieses Verses an R s. bei Dillmann, Gen.⁶ S. 305.

laſſungen und Zeltlagern, zwölf Fürſten nach ihren Stammverbänden. ¹⁷ Und dies war die Lebensdauer Jiſchmaels: 137 Jahre. Und er verſchied und ſtarb und ging ein zu ſeinen Stammesgenoſſen. *¹⁸ Ihr Bereich aber erstreckte sich von Chavila bis nach Schur, welches östlich von Egypten liegt* ¹⁰³) bis nach Aſchur hin ...... ¹⁰⁴).

¹⁹ Dies aber iſt die Familiengeſchichte Jisḑaqs, des Sohnes Abrahams: Abraham erzeugte den Jisḑaq. ²⁰ Jisḑaq aber war vierzig Jahre alt, als er ſich Ribqa, die Tochter des Aramäers Betu'el aus Paddan Aram, die Schweſter des Aramäers Laban, zum Weibe nahm. *²¹ Und Jischaq ging Jahve an in betreff seines Weibes; denn sie war unfruchtbar. Und Jahve erhörte seine Bitte; da wurde sein Weib Ribqa schwanger. ²² Es stiessen sich aber die Kinder in ihrem Leibe; da rief sie: „Wenn es so steht, wozu lebe ich dann!" Hierauf ging sie hin, Jahve zu befragen. ²³ Da gab ihr Jahve den Bescheid:*

„*Zwei Völker sind in deinem Leibe,*
   und zwei Stämme werden aus deinem Schosse hervorgehen zu feindlicher Trennung.
Ein Stamm wird dem andern überlegen sein,
   und der Aeltere dem Jüngeren dienstbar werden."
²⁴ Als nun ihre Zeit da war, dass sie gebären sollte, da ergab sich, dass Zwillinge in ihrem Leibe waren. ²⁵ Da kam der erste zum Vorschein, rötlich ¹⁰⁵)*, ganz und gar wie ein haariger Mantel; darum nannte man ihn 'Esav. ²⁶ Darauf kam sein Bruder heraus, indem er mit der Hand die Ferse 'Esavs gefasst hielt; darum nannte man ihn Ja'qob.* Jisḑaq aber

---

103) Ueber die ursprüngliche Stellung dieser Worte (ob nach 25, 4? vergleiche auch Dillm. zu V. 18), lässt sich nichts mehr ausmachen.

104) Die Schlussworte sind in jeder Hinsicht rätselhaft. Sind sie, wie man gewöhnlich annimmt, von R aus 16, 12 wiederholt, warum dann der Singular nach וישכנ?

105) Ist ארמני ursprünglich, so könnte es von R nur aus E (als anderweitige Erklärung von אדום neben V. 30) eingesetzt sein; vergl. jedoch die sehr beachtenswerten Bemerkungen Buddes (Urgeschichte 217, Anm. 2), der ארמוני nachträglich für irgend ein anderes Epitheton gesetzt sein lässt.

war sechzig Jahre alt, als sie geboren wurden. ²⁷ *Als nun die Knaben heranwuchsen, da wurde 'Esav ein tüchtiger Jäger, der die Steppe durchschweifte; Ja'qob dagegen war ein sanfter Mann, der bei den Zelten weilte.* ²⁸ *Jischaq aber hatte eine Vorliebe für 'Esav; denn Wildbret war nach seinem Geschmack; Ribqa dagegen liebte mehr den Ja'qob.* ²⁹ *Einst kochte Ja'qob ein Gericht, als 'Esav ganz verschmachtet aus der Steppe heimkam.* ³⁰ *Da sprach 'Esav zu Ja'qob: „Gib mir schnell zu essen von dem roten, dem roten da! denn ich bin ganz verschmachtet. Um deswillen nannte man ihn Edom.* ³¹ *Ja'qob aber antwortete: „Tritt mir zuvor dein Erstgeburtsrecht ab!"* ³² *Da sprach 'Esav: „Ach ich muss schliesslich doch sterben; was soll mir da das Erstgeburtsrecht!"* ³³ *Ja'qob erwiderte: „Schwöre mir es zuvor zu!" Da schwur er ihm und trat so dem Ja'qob sein Erstgeburtsrecht ab.* ³⁴ *Ja'qob aber gab dem 'Esav Brot und eine Schüssel gekochter Linsen; da ass und trank er, stand auf und ging seines Weges: so verscherzte 'Esav leichtfertig sein Erstgeburtsrecht.*

26 ¹ Es kam aber eine Hungersnot über das Land — eine andere, als jene frühere Hungersnot, die zu Abrahams Zeit eingetreten war — da begab sich Jischaq zu Abimelekh, dem Fürsten der Philister, nach Gerar. ² *Da erschien ihm Jahve und sprach:* „Siehe nicht nach Egypten! Verweile in dem Lande, das ich dir anweisen werde! ³ Bleibe als Beisass in diesem Lande, so will ich mit dir sein und dich segnen; denn dir und deinen Nachkommen werde ich alle diese Landstriche verleihen und werde die Verheißung in Kraft treten lassen, die ich deinem Vater Abraham zugeschworen habe. ⁴ Und ich werde deine Nachkommen so zahlreich werden lassen, wie die Sterne am Himmel, und werde deinen Nachkommen alle diese Landstriche verleihen, und es sollen durch deine Nachkommen alle Völker auf Erden beglückt werden ⁵ zum Lohne dafür, dass Abraham meinem Befehl gehorcht und alles beobachtet hat, was ich von ihm forderte, meine Gebote, meine Satzungen und meine Weisungen [106]). ⁶ *So blieb Jischaq in Gerar.*

⁷ *Es erkundigten sich aber die Bewohner der Ortschaft*

---

106) V. 3 b—5 ist in Bausch und Bogen R zugewiesen; dabei scheint auch uns ausgemacht, dass mindestens in V. 5 (und vielleicht schon vorher) die Hand des Deuteronomisten zu verspüren ist.

*in betreff seines Weibes. Er antwortete: „sie ist meine Schwester",
denn er fürchtete sich zu sagen: „sie ist mein Weib"; denn
[dachte er] die Bewohner der Ortschaft könnten mich sonst
umbringen wegen der Ribqa, weil sie so schön ist.* ⁸ *Als er
nun lange Zeit dort gewohnt hatte, da schaute [einst] Abimelekh, der Fürst der Philister, zum Fenster hinaus und sah,
wie Jischaq mit seinem Weibe Ribqa Liebkosungen tauschte.*
⁹ *Da liess Abimelekh den Jischaq rufen und sprach: „Also
dein Weib ist sie? Wie konntest du da behaupten: sie ist meine
Schwester?" Jischaq antwortete ihm: „Ja ich fürchtete, ich
könnte ihretwegen etwa gar ums Leben kommen!"* ¹⁰ *Abimelekh
erwiderte: „Was hast du uns da angethan! Wie leicht konnte
einer meiner Leute deinem Weibe beiwohnen, und du hättest
damit schwere Schuld auf uns geladen!"* ¹¹ *Hierauf gab Abimelekh allen seinen Leuten die Weisung: „Wer sich an diesem
Manne und seinem Weibe vergreift, soll mit dem Tode bestraft
werden."*

¹² *Jischaq aber bestellte in jenem Lande den Boden und
erntete in jenem Jahre das hundertste Korn; denn Jahve segnete ihn.* ¹³ *So wurde der Mann reich und wurde immer
reicher, bis er sehr reich war,* ¹⁴ *im Besitze von Schafherden
und Rinderherden und zahlreichen Leibeigenen, so dass die
Philister ihn sehr beneideten.* ¹⁵ Nun hatten aber die Philister alle
die Brunnen, welche die Sklaven seines Vaters bei Lebzeiten seines Vaters
Abraham gegraben hatten, verschüttet und mit Erde angefüllt. ¹⁶ *Da
sprach Abimelekh zu Jischaq: „Zieh hinweg aus unserer Nähe;
denn du bist uns allzu mächtig geworden."* ¹⁷ *Da zog Jischaq
von dort hinweg, schlug sein Lager auf im Thale von Gerar
und weilte nun daselbst.* ¹⁸ Hierauf ließ Jischaq die Brunnen wieder
aufgraben, die bei Lebzeiten seines Vaters Abraham gegraben waren und
die die Philister nach Abrahams Tode verschüttet hatten, und benannte sie
wieder mit den Namen, die ihnen sein Vater gegeben hatte. ¹⁹ *Da gruben
die Sklaven Jischaqs im Thalbett nach und fanden daselbst
eine Quelle mit fliessendem Wasser.* ²⁰ *Die Hirten von Gerar
aber gerieten in Streit mit den Hirten Jischaqs, indem sie be-
haupteten: „Uns gehört das Wasser!" Daher nannte er die
betreffende Quelle 'Eseq, weil sie mit ihm gezankt hatten.*
²¹ *Hierauf gruben sie einen anderen Brunnen auf; aber sie*

gerieten auch seinetwegen in Streit; daher nannte er ihn Sitna. ²² Dann zog er von dort weiter hinweg und grub einen anderen Brunnen auf. Ueber diesen gerieten sie nicht in Streit; daher nannte er ihn Rechobot, indem er sprach: „Nun hat uns Jahve freien Raum geschafft, dass wir uns ausbreiten können im Lande." ²³ Dann zog er von dort hinauf nach Be'er Scheba'. ²⁴ Da erschien ihm Jahve in der nächstfolgenden Nacht und sprach: „Ich bin der Gott deines Vaters Abraham; sei getrost! denn ich bin mit dir und will dich segnen und deine Nachkommen zahlreich werden lassen um Abrahams, meines Dieners, willen. ²⁵ Da errichtete er daselbst einen Altar, rief Jahve an und schlug daselbst sein Zelt auf [107]). Hierauf gruben die Sklaven Jischaqs dort einen Brunnen.

²⁶ Inzwischen war Abimelekh mit seinem Wezir Achuzzat und seinem Heeresobersten Pikhol von Gerar zu ihm gekommen. ²⁷ Da fragte sie Jischaq: „Warum kommt ihr zu mir, da ihr mir doch feindlich gesinnt seid und mich aus eurer Nähe vertrieben habt?" ²⁸ Sie antworteten: „Wir haben uns überzeugt, dass Jahve mit dir war; da beschlossen wir, es müsse eine Vereinbarung zwischen uns und dir beschworen werden, und wollen einen Vertrag mit dir schliessen, ²⁹ dass du uns nichts Böses zufügen willst, wie auch wir dir nichts zu leide gethan und wie auch wir dir nur Gutes erwiesen haben, indem wir dich unbeschädigt ziehen liessen; du bist nun einmal von Jahve gesegnet!" ³⁰ Da bereitete er ihnen ein Mahl, und sie assen und tranken. ³¹ Des anderen Morgens früh aber leisteten sie sich gegenseitig den Schwur; hierauf verabschiedete sie Jischaq, und sie zogen wohlverrichteter Sache von ihm hinweg. ³² An demselben Tage kamen die Sklaven Jischaqs und erstatteten ihm Bericht in betreff des Brunnens, den sie gegraben hatten, und meldeten ihm: „Wir haben Wasser gefunden!" ³³ Da nannte er ihn Schib'a; daher heisst die Ortschaft Be'er Scheba' bis auf den heutigen Tag.

³⁴ Als nun 'Esav vierzig Jahre alt war, heiratete er die Jehudit, die Tochter des Chittiters Be'eri und die Basmat, die Tochter des Chittiters Elon. ³⁵ Die waren ein schwerer Kummer für Jischaq und Ribqa.

---

107) Ueber 21, 33 als vielleicht hierher gehörend s. o. Anm. 80.

¹ Als ¹⁰⁸) aber Jischaq alt geworden und sein Augenlicht fast erloschen war, rief er 'Esav, seinen älteren Sohn, und **sprach zu ihm: „Mein Sohn!" Er antwortete ihm: „Ich höre."** ² *Da hob er an: „Ich bin nun alt geworden und weiss nicht, wann ich sterben werde.* ³ *So nimm nun dein Jagdgeräte, deinen Köcher und Bogen, gehe aus in die Steppe, erjage für mich ein Stück Wild* ⁴ *und bereite mir ein Essen, wie ich es gern habe, und bringe mirs herein, dass ich esse;* **so will ich dir dann meinen Segen geben, bevor ich sterbe."** ⁵ *Ribqa aber hatte zugehört, als Jischaq mit seinem Sohne 'Esav redete. Während sich nun 'Esav in die Steppe begab, um ein Wild zu erjagen und heimzubringen,* ⁶ *sprach Ribqa zu ihrem Sohne Ja'qob: „Eben habe ich zugehört, wie dein Vater zu deinem Bruder 'Esav redete und ihm befahl:* ⁷ *hole mir Wildbret und bereite mir ein Essen; dann, wenn ich gegessen habe, will ich dir vor dem Angesicht Jahves meinen Segen geben, bevor ich sterbe.* ⁸ *Nun aber, mein Sohn, folge meinem Rate [und thue], was ich dich heissen werde;* ⁹ *geh hin zur Herde und hole mir daraus zwei schöne Ziegenböckchen, damit ich sie herrichte zu einem Essen für deinen Vater, wie er es gern hat.* ¹⁰ *Dann musst du es deinem Vater hineinbringen, damit er davon isst; so soll er dir dann seinen Segen geben, bevor er stirbt."* ¹¹ **Da entgegnete Ja'qob seiner Mutter Ribqa: „Ja, aber mein Bruder 'Esav ist stark behaart, während ich unbehaart bin;** ¹² **vielleicht wird mich mein Vater betasten; dann würde ich vor ihm dastehen wie einer, der seinen Spott mit ihm treibt, und würde mir eher Fluch zuziehen als Segen."** ¹³ **Da erwiderte ihm seine Mutter: „O Sohn! den Fluch nehme ich auf mich; folge du nur meinem Rate und gehe [das verlangte] zu holen!"** ¹⁴ *Da ging er es zu holen und brachte es seiner Mutter; seine Mutter aber bereitete ein Essen, wie sein Vater es gern hatte.* ¹⁵ *Hierauf holte Ribqa die guten Kleider ihres älteren Sohnes*

---

108) Eine durchgängige Scheidung des in Kap. 27 J oder E angehörigen ist unmöglich. Wir haben daher d e n Weg eingeschlagen, dass J ausser dem, was sicher von ihm stammt, auch alles das zugewiesen ist, was von ihm stammen könnte. In einigen Fällen konnten zweifellose Dubletten nur aus Wahrscheinlichkeitsgründen an die beiden Quellen verteilt werden.

'Esav, die sie drinnen bei sich hatte, und gab sie Ja'qob, ihrem jüngeren Sohne, zum anziehen. ¹⁶ **Die Felle der Ziegenböckchen aber legte sie ihm um seine Arme und Hände und auf seinen Hals, den unbehaarten.** ¹⁷ *Dann gab sie ihrem Sohne Ja'qob das Essen nebst dem Brot, das sie [frisch] gebacken hatte, in die Hand.* ¹⁸ *Da trat er zu seinem Vater ein und hob an:* „**Lieber Vater!**" **Der erwiderte:** „**Ja! wer bist du, lieber Sohn?**" ¹⁹ **Da sprach Ja'qob zu seinem Vater:** „**Ich bin 'Esav, dein Erstgeborener; ich habe ausgerichtet, was du befohlen hast; so setze dich nun auf und iss von meinem Wildbret, damit du mir dann deinen Segen gebest.**" ²⁰ *Da erwiderte Jischaq seinem Sohne:* „*Ei wie schnell hast du etwas erjagt, mein Sohn!*" *Er sagte:* „*Ja, dein Gott Jahve liess es mir in den Weg laufen.*" ²¹ **Da sprach Jischaq zu Ja'qob:** „**Komm einmal her, mein Sohn! dass ich dich betasten kann, ob du wirklich mein Sohn 'Esav bist oder nicht.**" ²² **Da trat Ja'qob zu seinem Vater Jischaq heran, und als er ihn nun betastet hatte, sprach er:** „**Der Stimme nach ist es Ja'qob; aber die Arme sind 'Esavs Arme.**" ²³ **Und er erkannte ihn nicht, weil seine Arme behaart waren, wie die seines Bruders 'Esav, und so gab er ihm denn seinen Segen.** ²⁴ *Da fragte er:* „*Du also bist mein Sohn 'Esav?*" *Er erwiderte:* „*Ja wohl.*" ²⁵ *Da sprach er:* „*Bringe mir es her, damit ich esse von dem Wildbret meines Sohnes* ¹⁰⁹*); so will ich dir dann meinen Segen geben. Da brachte er ihm zu essen; dann brachte er ihm Wein herzu, und er trank.* ²⁶ *Hierauf sprach sein Vater Jischaq zu ihm:* „*Tritt näher und küsse mich, mein Sohn!*" ²⁷ *Als er nun herantrat und ihn küsste, da roch jener den Duft seiner Kleider; und er segnete ihn, indem er sprach:* „*Fürwahr, es duftet mein Sohn, wie das Gefilde duftet, das Jahve gesegnet hat.*

²⁸ **So möge dir Elohim spenden Tau vom Himmel und fetten Boden**
und Ueberfluss an Korn und Wein.

²⁹ **Es sollen Völker dir dienstpflichtig sein**
   und Nationen sich vor dir beugen;
Gebieter sollst du sein über deine Brüder,

---

109) Vielleicht besser mit LXX „von deinem Wildbret, mein Sohn".

und vor dir sollen sich beugen die [übrigen] Söhne deiner
   Mutter;
wer irgend dir flucht, der sei verflucht,
und wer dir Segen wünscht, der soll gesegnet sein!"
³⁰ Als aber Jischaq den Segen über Ja'qob zu Ende gesprochen
hatte, **Ja'qob aber war kaum eben weggegangen von seinem Vater Jischaq,** da kehrte sein Bruder 'Esav heim von der
Jagd, ³¹ bereitete gleichfalls ein Essen, brachte es seinem Vater
hinein und sprach zu seinem Vater: „Steh auf, lieber Vater,
und iss vom Wildbret deines Sohnes, damit du mir alsdann
deinen Segen gebest." ³² Da fragte ihn sein Vater Jischaq:
„Wer bist du?" Er antwortete: „Ich bin dein erstgeborener
Sohn 'Esav." ³³ **Da erschrack Jischaq über alle Massen und
rief: „Wer in aller Welt war denn der, der ein Wild erjagt
und mir hereingebracht hat, so dass ich von allem ¹¹⁰) ass,
ehe du herkamst? alsdann gab ich ihm meinen Segen und
er wird gesegnet bleiben!" ³⁴ Als aber 'Esav diese Worte
seines Vaters vernahm, da erhob er ein überaus heftiges und
klägliches Geschrei und bat seinen Vater: „Gib auch mir einen
Segen, lieber Vater!"** ³⁵ Er antwortete: „Dein Bruder kam
hinterlistiger Weise und nahm dir den Segen weg!" ³⁶ Da
rief er: „Ja, mit Recht nennt man ihn Ja'qob; denn schon
zweimal hat er mich überlistet: mein Erstgeburtsrecht hat er
an sich gebracht und nun hat er mir auch den Segen weggenommen." Dann sprach er: „Hast du denn keinen Segen
für mich aufbehalten?" ³⁷ Da erwiderte Jischaq und sprach
zu 'Esav: „Ich habe ihn nun einmal zum Gebieter über dich
gesetzt und habe verfügt, dass ihm alle seine Brüder dienstbar
werden sollen, und ihn reich ausgestattet mit Korn und Wein;
was in aller Welt könnte ich nun für dich noch thun, mein
Sohn!" ³⁸ Da sprach 'Esav zu seinem Vater: „Ist denn das
dein einziger Segen, Vater? gib auch mir einen Segen, lieber
Vater!" und 'Esav fing laut zu weinen an. ³⁹ Da hob sein
Vater Jischaq an und sprach zu ihm:
   **„Fürwahr, fern von fettem Boden soll dein Wohnsitz sein
      und ohne Anteil am Tau des Himmels droben.**

---

110) Ob nicht ursprünglich אָכֹל („ich ass harmlos") für מִכֹּל?

⁴⁰ *Von deinem Schwert sollst du leben,
und deinem Bruder sollst du dienstbar sein;
es wird aber geschehen, wenn du* . . . . ¹¹¹)*, so wirst du
das Joch, das auf deinem Halse liegt, zerbrechen.*"
⁴¹ *'Esav aber warf einen Hass auf Ja'qob wegen des Segens, den ihm sein Vater gegeben hatte. Und 'Esav beschloss:
wenn erst die Zeit der Trauer um meinen Vater herangekommen
ist, werde ich meinen Bruder Ja'qob erschlagen.* **⁴²** *Als nun
der Ribqa solche Reden ihres älteren Sohnes 'Esav hinterbracht
wurden, liess sie ihren jüngeren Sohn Ja'qob rufen und sprach
zu ihm: „Höre! dein Bruder 'Esav brütet Rache gegen dich
und will dich erschlagen.* **⁴³** *Folge daher meinem Rate, mein
Sohn! brich auf und fliehe zu meinem Bruder Laban nach
Charan.* **⁴⁴ Bei dem musst du einige Zeit verweilen, bis sich
der Groll deines Bruders legt,** **⁴⁵** *bis der Zorn deines Bruders
von dir ablässt und er vergisst, was du ihm angethan hast;
dann will ich dir Botschaft thun und dich von dort holen lassen.
Warum sollte ich euch beide an einem Tag verlieren!"* **⁴⁶** Da
sprach Ribqa zu Jischaq: „Die Chittiterinnen verleiden mir ganz und gar
das Leben; wenn Ja'qob nun auch so eine Chittiterin, eine Eingeborene,
heiraten sollte, was habe ich dann noch vom Leben?"

28 ¹ Da rief Jischaq den Ja'qob, segnete ihn und wies ihn an,
indem er zu ihm sprach: „Nimm dir ja keine Kena'aniterin zum
Weibe! ² Mache dich auf und begib dich nach Paddan Aram,
zu dem Wohnsitz Betu'els, des Vaters deiner Mutter, und hole dir
von dort ein Weib, eine der Töchter Labans, des Bruders deiner
Mutter. ³ Und El Schaddaj segne dich; er schenke dir zahlreiche
Nachkommen, daß ein Haufe von Völkern aus dir hervorgehe!
⁴ Und er verleihe dir den Abrahamssegen, dir mitsamt deinen
Nachkommen, daß du das Land, wo du zuvor als Fremdling weiltest, welches Elohim dem Abraham verliehen hat, zu eigen bekommst." ⁵ So ließ Jischaq den Ja'qob ziehen, und er begab sich
nach Paddan Aram zu Laban, dem Sohne Betu'els, des Aramäers,
dem Bruder der Ribqa, der Mutter des Ja'qob und 'Esav. ⁶ Und
'Esav sah, daß Jischaq den Ja'qob gesegnet und nach Paddan

---

111) חריד noch unerklärt; am ehesten wohl „wenn du dich anstrengst".

Aram geschickt hatte, damit er sich von dort ein Weib hole, indem er ihn segnete und ihm die Weisung gab: Nimm dir ja keine Kena'aniterin zum Weibe! ⁷ und daß Ja'qob auf seinen Vater und seine Mutter hörte und nach Paddan Aram ging — ⁸ da nun 'Esav sah, daß die Kena'aniterinnen seinem Vater anstößig waren, ⁹ da ging 'Esav zu Jischma'el und nahm sich die Machalat, die Tochter Jischma'els, des Sohnes Abrahams, die Schwester Nebajots, zu seinen [anderen] Weibern hinzu zum Weibe.

¹⁰ Da zog Ja'qob aus von Be'er Scheba' und machte sich auf den Weg nach Charan. ¹¹ Da gelangte er an die [jetzige heilige] Stätte ¹¹²) und blieb daselbst übernacht, denn die Sonne war untergegangen. Und er nahm einen von den Steinen, die sich an dieser Stätte fanden, legte ihn zu seinen Häupten und legte sich schlafen an selbiger Stätte. ¹² Da träumte ihm, eine Leiter sei auf die Erde gestellt, deren oberes Ende bis zum Himmel reichte, und die Engel Elohims stiegen auf ihr hinauf und herab. ¹³ *Und Jahve stand vor ihm und sprach: „Ich bin Jahve, der Gott deines Vaters Abraham, der Gott Jischaqs; den Boden, auf dem du liegst, werde ich dir und deinen Nachkommen verleihen.* ¹⁴ *Und deine Nachkommen sollen so zahlreich werden wie die Krümchen der Erde, und sollst dich ausbreiten nach West und Ost und Nord und Süd, und durch dich sollen beglückt werden alle Völkerstämme auf Erden* und durch deine Nachkommen. ¹⁵ *Und ich werde mit dir sein und dich behüten überall, wohin du gehen wirst, und werde dich zurückbringen in dieses Land. Denn ich werde dich nicht verlassen, bis ich ausgeführt, was ich dir verheissen habe."* ¹⁶ *Da erwachte Ja'qob aus seinem Schlafe und sprach: „Wahrlich, Jahve befindet sich an dieser Stätte, und ich wusste nichts davon* ¹¹³)." **¹⁷ Da fürchtete er sich und sprach: „Wie**

---

112) Die Geflissentlichkeit, mit der V. 11 ff. המקום gebraucht wird, lässt vermuten, dass damit auf eine stehende Bezeichnung des nachmaligen Hauptheiligtums von Betel angespielt wird (vergl. Anm. 81). Auch Stade (Gesch. des Volkes Israel⁹, S. 60) gibt מקם, wie wir nachträglich sehen, mit „Kultstätte".

113) V. 13—16 sind J zugewiesen, obschon wir nicht verkennen, dass die Gründe Kuenens (Einl.⁸ S. 145) für die Zuweisung an JEr nicht ohne Gewicht sind.

schauerlich ist diese Stätte! Ja, das ist der Sitz Elohims und die Pforte des Himmels! ¹⁸ **Frühmorgens aber nahm Ja'qob den Stein, den er zu seinen Häupten gelegt hatte, stellte ihn auf als Malstein und begoss ihn mit Oel.** ¹⁹ *Und er gab jener Stätte den Namen Betel; vorher aber hieß die Ortſchaft Luz.* ²⁰ **Und Ja'qob that folgendes Gelübde: „Wenn Elohim mit mir sein und mich behüten wird auf der Reise, auf der ich jetzt begriffen bin, und mir Nahrung und Kleidung nach Bedürfnis gibt,** ²¹ **und ich wohlbehalten in meine Heimat zurückkehren werde,** ſo ſoll Jahve mein Gott ſein ¹¹⁴), ²² **und aus diesem Stein den ich als Malstein aufgestellt habe, soll ein Gotteshaus werden, und alles, was du mir geben wirst, werde ich dir getreulich verzehnten."**

29 ¹ **Da machte sich Ja'qob auf den Weg und wanderte in das Land der Bene Qedem.** ² *Da erblickte er dort in der Steppe einen Brunnen, an welchem eben drei Herden Schafe lagerten; denn aus diesem Brunnen pflegten sie die Herden zu tränken, über dem Brunnenloch aber lag ein schwerer Stein.* ³ *Und wenn alle Herden dorthin zusammengetrieben waren, dann wälzten sie den Stein von dem Brunnenloch ab und tränkten die Schafe; sodann schafften sie den Stein wieder zurück auf das Brunnenloch an seinen Ort.* ⁴ *Da fragte sie Ja'qob: „Liebe Brüder! woher seid ihr?" Sie antworteten: „Von Charan sind wir."* ⁵ *Da sprach er zu ihnen: „Kennt ihr den Laban, den Sohn des Nachor?" Sie antworteten: „Gewiss."* ⁶ *Da fragte er sie: „Geht es ihm wohl?" Sie antworteten: „Es geht ihm wohl! Da kommt eben seine Tochter Rachel mit den Schafen!"* ⁷ *Da sagte er: „Es ist ja noch hoch am Tage und noch zu früh, das Vieh einzutreiben. Tränkt die Schafe und bringt sie wieder auf die Weide."* ⁸ *Sie entgegneten: „Wir können nicht, bis alle Herden zusammengetrieben sind; dann wälzt man den Stein vom Brunnenloch ab, und wir tränken die Schafe."* ⁹ *Während er noch mit ihnen redete, war unterdes Rachel mit den Schafen ihres Vaters herbeigekommen — denn sie hütete [die Schafe].* ¹⁰ *Als nun Ja'qob die Rachel,*

---

114) Ist 21 b von R (aus J?) eingefügt, so muss יהוה ursprünglich auch an der Spitze von V. 22 gestanden haben,

die Tochter seines Oheims Laban, erblickte, dazu die Schafe seines Oheims Laban, da trat Ja'qob herzu, wälzte den Stein vom Brunnenloch ab und tränkte die Schafe seines Oheims Laban. ¹¹ Dann aber begrüsste Ja'qob die Rachel mit einem Kuss und hob an zu weinen. ¹² Und Ja'qob berichtete der Rachel, dass er ein Vetter ihres Vaters und zwar ein Sohn der Ribqa sei; da lief sie hin und berichtete es ihrem Vater. ¹³ Als nun Laban solche Kunde über Ja'qob, seiner Schwester Sohn, vernahm, da ging er ihm eilig entgegen, herzte und küsste ihn und führte ihn hinein in sein Haus; er aber erzählte dem Laban alles, was vorangegangen war. ¹⁴ Da sprach Laban zu ihm: „Ja du bist von meinem Bein und Fleisch."

Als er nun etwa einen Monat bei ihm gewesen war, ¹⁵ da sprach Laban zu Ja'qob: „Solltest du deshalb, weil du mein Vetter bist, umsonst für mich arbeiten? Sage mir an: worin soll dein Lohn bestehen?" ¹⁶ Nun hatte Laban zwei Töchter; die ältere hiess Lea, die jüngere Rachel. ¹⁷ Lea aber hatte glanzlose Augen, während Rachel von schöner Gestalt und schön von Antlitz war. ¹⁸ Weil nun Ja'qob die Rachel liebte, so sprach er: „Ich will dir sieben Jahre um Rachel, deine jüngere Tochter, dienen!" ¹⁹ Da antwortete Laban: „Besser, ich gebe sie dir, als dass ich sie einem fremden Mann gebe; bleibe bei mir!" ²⁰ So diente Ja'qob um Rachel sieben Jahre, und sie dünkten ihn wie wenige Tage; so lieb hatte er sie. ²¹ Darnach sprach Ja'qob zu Laban: „Gib mir mein Weib — denn meine Zeit ist um — dass ich die Ehe mit ihr vollziehe. ²² Da lud Laban alle Bewohner des Ortes ein und veranstaltete ein Gastmahl. ²³ Am Abend aber brachte er seine Tochter Lea zu ihm hinein, und er wohnte ihr bei. ²⁴ Und Laban gab ihr seine Sklavin Zilpa, der Lea, seiner Tochter, zur Leibmagd. ²⁵ Am Morgen aber befand sich, dass es Lea war. Da sprach er zu Laban: „Was hast du mir da angethan! Habe ich nicht um Rachel bei dir gedient? Warum hast du mich denn betrogen?" ²⁶ Da antwortete Laban: „Es ist hier zu Lande nicht der Brauch, dass man die Jüngere vor der Aelteren weggibt. ²⁷ Führe mit dieser die [Braut]woche ¹¹⁵)

---
115) Unterwirf dich den von der Sitte geforderten siebentägigen Hochzeitsbräuchen.

zu Ende, so soll dir die andere auch zu teil werden für den Dienst, den du noch weitere sieben Jahre bei mir thun wirst." ²⁸ Ja'qob aber willigte ein und führte die Woche mit ihr zu Ende; alsdann gab er ihm [auch] seine Tochter Rachel zum Weibe. ²⁹ Und Laban gab seiner Tochter Rachel seine Sklavin Bilha zur Leibmagd. ³⁰ Da wohnte er auch der Rachel bei, und zwar hatte er auch Rachel lieber als Lea. Und er diente bei ihm noch weitere sieben Jahre.

³¹ *Als nun Jahve wahrnahm, dass Lea zurückgesetzt ward, machte er sie fruchtbar, während Rachel unfruchtbar war.* ³² *Da wurde Lea schwanger und gebar einen Sohn; den nannte sie Re'uben; denn, sprach sie, Jahve hat Rücksicht genommen auf meine traurige Lage* ¹¹⁶)*; nun wird mein Mann mich sicherlich lieb haben.* ³³ *Hierauf wurde sie abermals schwanger und gebar einen Sohn; da sprach sie: Jahve hat gehört, dass ich zurückgesetzt bin; darum gab er mir auch diesen. Und sie nannte ihn Schim'on.* ³⁴ *Hierauf wurde sie abermals schwanger und gebar einen Sohn. Da sprach sie: Nun endlich wird mein Mann mir anhängen, weil ich ihm drei Söhne geboren habe; darum nannte sie* ¹¹⁷) *ihn Levi.* ³⁵ *Sodann wurde sie nochmals schwanger und gebar einen Sohn. Da sprach sie: Nunmehr will ich Jahve preisen! Darum nannte sie ihn Jehuda. Fortan aber wurde sie nicht mehr schwanger.*

30 ¹ Als nun Rachel sah, dass sie dem Ja'qob kein Kind gebar, da wurde Rachel ¹¹⁸) eifersüchtig auf ihre Schwester und sprach zu Ja'qob: „Schaffe mir Kinder — wo nicht, so sterbe ich!" ² Da wurde Ja'qob zornig über Rachel und sprach: „Bin ich denn an Elohims Statt? — er hat dir [nun einmal] Leibesfrucht versagt!" ³ Da sprach sie: „Hier ist meine Leibmagd Bilha: wohne ihr bei, damit sie auf meinem Schosse

---

116) Wiefern in diesen Worten eine Deutung von ראובן (nach der traditionellen, ganz unhaltbaren Ansicht: sehet, ein Sohn!) enthalten ist, muss auf sich beruhen. Soll etwa ראיבן als Kontraktion aus (ר)ראה בעני betrachtet werden?

117) Nach der LA. קראה (wie V. 35, vergl. ותקרא V. 32 und 33) mit LXX Sam. Syr.

118) Die Wiederholung des Subjekts deutet auf redaktionellen Eingriff, resp. Komposition aus verschiedenen Quellen.

gebäre *und auch ich durch sie zu Kindern komme."* ⁴ *Da gab sie ihm ihre Leibmagd Bilha zum [Kebs-]Weibe, und Ja'qob wohnte ihr bei* ¹¹⁹). ⁵ **Da wurde Bilha schwanger und gebar dem Ja'qob einen Sohn.** ⁶ **Rachel aber sprach: Elohim hat mir Recht geschafft und hat mich erhört und mir einen Sohn geschenkt. Darum nannte sie ihn Dan.** ⁷ **Hierauf wurde sie abermals schwanger** *und Bilha, die Leibmagd Rachels, gebar dem Ja'qob einen zweiten Sohn.* ⁸ **Da sprach Rachel: Elohim-Kämpfe habe ich gekämpft mit meiner Schwester und habe gesiegt. Darum nannte sie ihn Naphtali.**
⁹ *Als nun Lea sah, dass sie nicht mehr schwanger wurde, gab sie dem Ja'qob ihre Leibmagd Zilpa zum [Kebs-]Weibe.* ¹⁰ *Darauf gebar Zilpa, die Leibmagd Leas, dem Ja'qob einen Sohn.* ¹¹ *Da sprach Lea: Glück auf!* ¹²⁰) *und nannte ihn Gad.* ¹² *Hierauf gebar Zilpa, die Leibmagd Leas, dem Ja'qob einen zweiten Sohn.* ¹³ *Da sprach Lea: Ich glückliche! Ja glücklich müssen mich [alle] Weiber preisen — daher nannte sie ihn Ascher.*
¹⁴ *Da fand einmal Re'uben um die Zeit der Weizenernte Liebesäpfel auf dem Felde; die brachte er seiner Mutter Lea. Da sprach Rachel zu Lea: „Gib mir doch ein paar von den Liebesäpfeln, die dein Sohn gebracht hat."* ¹⁵ *Da antwortete sie ihr: „Ists nicht genug daran, dass du mir meinen Mann wegnimmst, dass du nun auch die Liebesäpfel wegnehmen willst, die mein Sohn gebracht hat?" Da antwortete Rachel: „Meinetwegen mag er diese Nacht bei dir zubringen zum Entgelt für die Liebesäpfel deines Sohnes."* ¹⁶ *Als nun Ja'qob abends vom Felde kam, da ging Lea ihm entgegen und sagte: „Herein zu mir musst du kommen; denn ich habe vollen Lohn für dich gezahlt mit den Liebesäpfeln meines Sohnes." Da brachte er jene Nacht bei ihr zu.*
¹⁷ **Elohim aber erhörte Lea, so dass sie schwanger wurde und Ja'qob einen fünften Sohn gebar.** ¹⁸ **Da sprach Lea:**

---

119) Wie den Schluss von V. 3, haben wir V. 4 nur zweifelnd J zugewiesen; 4a könnte ebensowohl aus Q stammen. Uebrigens scheint שכר erst nachträglich am Schluss beigefügt.

120) Nach dem Ketib; das Qere fordert erleichternd „gekommen ist Glück".

Elohim hat mir einen Lohn dafür gegeben, dass ich meinem
Manne meine Leibmagd abgetreten habe. Daher nannte sie ihn
Jissakhar. ¹⁹ Hierauf wurde Lea nochmals schwanger und
gebar dem Ja'qob einen sechsten Sohn. ²⁰ Da sprach Lea:
Elohim hat mich beschenkt mit einem schönen Geschenk,
*nunmehr wird mein Mann mich hochhalten, weil ich ihm sechs
Söhne geboren habe* ¹²¹). Darum nannte sie ihn Zebulun. ²¹ Hierauf gebar sie eine Tochter; die nannte sie Dina ¹²²).
²² Da nahm sich Elohim der Rachel an, und Elohim erhörte
sie *und machte sie fruchtbar.* ²³ Da wurde sie schwanger
und gebar einen Sohn. Da sprach sie: Weggenommen hat
Elohim meine Schmach! ²⁴ Darum nannte sie ihn Joseph, *indem sie sprach: Möchte mir Jahve noch einen Sohn schenken!*
²⁵ *Nachdem nun Rachel den Joseph geboren hatte, sprach
Ja'qob zu Laban: „Lass mich heimziehen in mein Vaterland!*
²⁶ Ueberlass mir meine Weiber und meine Kinder, um die ich dir
gedient habe, damit ich abziehe; denn du weisst ja selbst,
unter welchen Bedingungen ich dir gedient habe ¹²³)." ²⁷ *Da
antwortete ihm Laban: „Wenn du irgend etwas auf mich hältst
— ich spüre, Jahve hat mich gesegnet um deinetwillen."* ²⁸ Da
erwiderte er: „Nenne den Lohn, den du von mir forderst, so
will ich [dir] ihn geben." ²⁹ *Da erwiderte er ihm: „Du weisst,
wie ich dir gedient habe, und was aus deinem Viehstand unter
meinen Händen geworden ist.* ³⁰ *Denn wenig war, was du
besassest, bevor ich kam; aber es wuchs an mit Macht, und dir
kam der Segen Jahves zu gut, der jedem meiner Schritte folgte
— nun aber, wann soll denn ich für meine Familie sorgen?"*
³¹ *Da erwiderte er: „Was soll ich dir geben?"* Ja'qob antwortete: „Du sollst mir gar nichts geben. Wenn du folgende
Bedingung eingehst, so will ich aufs neue deine Schafe weiden
hüten ¹²⁴). ³² Ich werde heute alle deine Schafe durchgehen und

---

121) Für die Zugehörigkeit dieser Worte zu J beweist nicht
nur die verschiedene Etymologie, sondern auch רחשם.
122) V. 21 könnte auch von R stammen; ואחר weist jedoch auf J.
123) Oder vielleicht „wie lange ich dir gedient habe".
124) אשמר ohne Zweifel nur Parallele zu ארעה, welches die andere Quelle bot; von R aufgenommen, um keine Nuance des Parallelberichts fallen zu lassen.

aus ihnen jedes gesprenkelte und scheckige Stück wegnehmen — alles, was schwarz ist unter den Lämmern, und was scheckig und gesprenkelt ist unter den Ziegen. Und das soll mein Lohn sein [125]*),* **33** *und darin wird sich meine Redlichkeit erweisen: wenn du künftig meinen Lohn in Augenschein nehmen wirst, dann soll alles, was nicht gesprenkelt und scheckig ist unter meinen Ziegen, und was nicht schwarz ist unter meinen Lämmern, als gestohlen gelten."* **34** *Da erwiderte Laban: „Gut! Es sei, wie du sagst!"* **35** *Alsbald entfernte er die* geſtreiften [126]*) und scheckigen* Böcke *und alle gesprenkelten und scheckigen Ziegen — alles, woran sich irgend etwas Weisses befand — und alle schwarzen Stücke unter den Lämmern, und übergab sie seinen Söhnen.* **36** *Und er liess einen Zwischenraum von drei Tagereisen zwischen sich und Ja'qob einhalten; Ja'qob aber weidete die übrigen Schafe Labans.* **37** *Da holte sich Ja'qob frische Stäbe von Storaxstauden, Mandelbäumen und Platanen und schälte an ihnen weisse Streifen heraus, indem er das Weisse an den Stäben blosslegte.* **38** *Dann stellte er die Stäbe, die er geschält hatte,* in die Tränkrinnen, *in die Wasserrinnen, wohin die Schafe zur Tränke kamen, den Schafen vor Augen. Und sie begatteten sich, wenn sie zur Tränke kamen.* **39** *Da* begatteten ſich die Schafe *angesichts der Stäbe; dann warfen die Schafe* geſtreifte, gesprenkelte und scheckige Junge. **40** *Die Lämmer aber sonderte Ja'qob ab und kehrte die Gesichter der Schafe gegen alle* geſtreiften *und schwarzen Stücke unter den Schafen Labans* [127]*).* **41** *Und so*

---

125) Durch die Verbindung von יהיה שכרי mit V. 33 lässt sich allenfalls ein Sinn gewinnen, der mit לא תתן לי מאומה V. 31 nicht in schroffem Widerspruch steht. Weit wahrscheinlicher ist aber, dass והיה ש׳ thatsächlich zu V. 32 gehören soll, nämlich als eine alte Glosse, die den Zweck der Ausscheidung der bunten Tiere gründlich missversteht. Vergl. indes auch Dillmann.

126) Wir verzichten auf eine weitere Auflösung des in V. 29 ff. vorliegenden Gewebes aus J und E. Da J nach allgemeiner Annahme im wesentlichen die Grundlage bildet, so haben wir die vielleicht aus E stammenden Einsätze, aber auch einige zweifellose Dubletten, deren Zuweisung an eine bestimmte Quelle unmöglich ist, durch die sonst für R verwendete Schrift hervorgehoben.

127) Wenn sich V. 29—39 als ein im wesentlichen einheitlicher

oft die Brunstzeit der kräftigen Tiere kam, legte Jaʻqob den Schafen die Stäbe vor Augen, in die Rinnen, damit sie sich vor den Stäben begatteten. ⁴² *Wenn es sich aber um die schwachen Tiere handelte, legte er sie nicht hin; infolge davon wurden die schwachen dem Laban, die kräftigen dem Jaʻqob zu teil.* ⁴³ *So wurde der Mann über die Massen reich und gelangte zu vielen Schafen, Sklavinnen und Sklaven, Kamelen und Eseln.*

31 ¹ *Da kam ihm zu Ohren, welche Reden die Söhne Labans führten: Jaʻqob hat nun alles an sich gebracht, was [eigentlich] unserem Vater gehört, und* aus dem, was unjerem Vater zugehört, hat er all diesen Reichtum beschafft ¹²⁸). ² **Als aber Jaʻqob auf die Mienen Labans achtete, da fand er, dass er sich nicht mehr gegen ihn bezeigte, wie noch vor kurzer Zeit.** ³ *Da sprach Jahve zu Jaʻqob: „Kehre zurück in das Land deiner Väter und an deinen Geburtsort, so will ich mit dir sein."* ⁴ **Da sandte Jaʻqob hin und liess Rachel und Lea rufen auf den Weideplatz zu seiner Herde.** ⁵ **Da sprach er zu ihnen: „Ich sehe wohl, dass mir euer Vater nicht mehr dasselbe Gesicht zeigt, wie noch vor kurzem; aber der Gott meines Vaters war mit mir.** ⁶ **Ihr aber wisst, dass ich mit allen meinen Kräften eurem Vater gedient habe.** ⁷ **Euer Vater jedoch hat mich betrogen und hat mir den Lohn zehnmal abgeändert; aber Elohim liess nicht zu, dass er mir Schaden zufügte.** ⁸ **Wenn er sprach: die gesprenkelten sollen dein Lohn sein, so warf die ganze Herde gesprenkelte Junge: sprach er da-**

Bericht erweisen lassen, so steht dagegen V. 40 mit V. 36 in unauflöslichem Widerspruch. Die bunten Tiere Labans waren drei Tagereisen entfernt und die bunten Tiere, die Jaʻqob unter den Händen hatte, gehörten nicht zum צאן לבן. Mindestens also müssen die letzteren Worte auf einem Missverständnis beruhen oder eine der beiden Quellen (E?) wusste nichts von dem in V. 36 berichteten. Bei alledem ist übrigens im Auge zu behalten, dass E nach 31, 4 ff. (wo er doch schwerlich dem Jaʻqob bewusste Lügen in den Mund legen will) eigentliche Betrügereien von Jaʻqob abwälzt und dass somit sein Bericht über etwaige Manipulationen desselben weit unverfänglicher gelautet haben muss. Das Hauptgewicht legt sein Bericht (31, 7) auf das betrügerische und schwankende Verhalten Labans.

128) Zur Unterscheidung von 1a und b vergl. Anm. 126.

gegen: die gestreiften sollen dein Lohn sein, so warf die ganze Herde gestreifte Junge. ⁹ Und so entzog Elohim eurem Vater das Vieh und gab es mir. ¹⁰ Zu der Zeit aber, wo die Schafe sich begatteten, da sah ich deutlich im Traum, wie alle Böcke, die die Schafe besprangen, gestreift, gesprenkelt und gescheckt waren. ¹¹ Und der Engel Elohims rief mich im Traume: Ja'qob! Ich antwortete: Ich höre! ¹² Da sagte er: „Sieh einmal, wie alle Böcke, die die Schafe bespringen, gestreift, gesprenkelt und gescheckt sind. Denn ich habe wohl bemerkt, was dir Laban alles anthut. ¹³ Ich bin der Gott von Betel, woselbst du einen Malstein gesalbt, woselbst du mir ein Gelübde gethan hast. So mache dich also auf, ziehe aus diesem Lande und kehre zurück in dein Geburtsland." ¹⁴ Da erwiderten Rachel und Lea und sprachen zu ihm: „Haben wir etwa noch Anteil und Anspruch im Hause unseres Vaters? ¹⁵ Gelten wir ihm nicht als Fremde, nachdem er uns verkauft und das Geld, das er für uns bekam, längst verzehrt hat? ¹⁶ Denn all' das Hab und Gut, das Elohim unserem Vater entzogen hat, gehört uns und unseren Kindern. Darum thue ganz, wie Elohim dir geheissen hat."

¹⁷ Da setzte Ja'qob seine Kinder und seine Weiber auf die Kamele; ¹⁸ sodann führte er seinen ganzen Viehstand hinweg und alle seine Habe, die er erworben hatte, den ihm zu eigen gewordenen Diehstand, den er in Paddan Aram erworben hatte, um sich zu seinem Vater Jischaq ins Land Kena'an zu begeben. ¹⁹ Während aber Laban hingegangen war, um Schafschur zu halten, stahl Rachel den Teraphim ihres Vaters. ²⁰ Ja'qob aber überlistete Laban, den Aramäer, indem er ihm durch nichts verriet, dass er fliehen wolle. ²¹ Also entfloh er mit allem, was ihm gehörte; *da brach er auf und setzte über den [Euphrat-]Strom* und schlug die Richtung nach dem Gebirge Gil'ad ein. ²² [Erst] am dritten Tage wurde dem Laban gemeldet, dass Ja'qob entflohen sei. ²³ Da bot er seine Stammesgenossen auf, verfolgte ihn sieben Tagereisen weit und holte ihn ein auf dem Gebirge Gil'ad. ²⁴ Elohim aber kam im Traum zur Nachtzeit zu Laban, dem Aramäer, und sprach zu ihm: „Hüte dich, Ja'qob ein böses Wort zu sagen!" ²⁵ *Da erreichte Laban den Ja'qob — Ja'qob aber hatte sein Zelt auf*

dem Gebirge ... ¹²⁹) *aufgeschlagen, während Laban mit seinen Stammesgenossen [sein Zeltlager] auf dem Gebirge Gil'ad aufgeschlagen hatte.* ²⁶ Da sprach Laban zu Ja'qob: „Was soll das heissen, dass du mich überlisten wolltest und führtest meine Töchter fort wie Kriegsgefangene? ²⁷ *Warum bist du denn heimlich geflohen und täuschtest mich und hast es mich nicht wissen lassen, dass ich dir hätte können das Geleite geben mit Jauchzen und Gesängen, mit Pauken und Harfen!* ²⁸ und hast mich meine Enkel und meine Töchter nicht küssen lassen — ja du hast thöricht gehandelt. ²⁹ Ich hätte es wohl in der Gewalt, schlimm mit euch zu verfahren; aber der Gott deines ¹³⁰) Vaters hat mich in der vergangenen Nacht gewarnt: hüte dich, Ja'qob ein böses Wort zu sagen. ³⁰ Aber mag es sein, du bist nun einmal fortgegangen aus heftiger Sehnsucht nach deiner Heimat — warum hast du meinen Gott gestohlen?" ³¹ Da antwortete Ja'qob und sprach zu Laban: „Ja, ich fürchtete mich; denn ich dachte, du könntest mir deine Töchter entreissen. ³² Derjenige, bei dem du deinen Gott findest, der soll nicht am Leben bleiben. Im Beisein unserer Stammesgenossen untersuche, was ich bei mir habe, und nimm an dich [was dir gehört]." Ja'qob wusste aber nichts davon, dass Rachel ihn gestohlen hatte. ³³ Da ging Laban hin und spürte herum ¹³¹) im Zelt Ja'qobs und im Zelt Leas und im Zelt der beiden Leibmägde ¹³²), fand aber nichts; dann verliess er das Zelt Leas und trat in das Zelt Rachels. ³⁴ Rachel aber hatte den Teraphim genommen, in die Kamelsänfte gelegt und sich darauf gesetzt. Und Laban durchstöberte das ganze Zelt, fand aber nichts. ³⁵ Da sprach sie zu ihrem Vater: „O Herr! sei nicht böse, wenn ich vor dir nicht aufstehen kann; denn es ergeht mir, wie es den Frauen ergeht." Und so eifrig er auch herumspürte, fand er doch den Teraphim nicht.

---

129) Nach בהר dürfte ein Name ausgelassen sein; vergl. Dillmann z. d. St.

130) Nach der LA אביך mit LXX Sam.

131) Mit LXX und Sam., die nach רבא noch ויחפש (vgl. V. 35) gelesen haben müssen.

132) Die Worte mögen gleichfalls aus E stammen, sind aber dann von R an unpassender Stelle eingereiht.

36 Ja'qob aber wurde zornig und schalt Laban. Und Ja'qob hob an und sprach zu Laban: „Was habe ich gefehlt; was habe ich verschuldet, dass du mir so hitzig nachgesetzt bist? **37** Du hast nun meinen ganzen Hausrat durchstöbert — hast du irgend etwas von deinem Hausgerät gefunden? Lege es hier her vor meine und deine Stammesgenossen, damit sie entscheiden, wer von uns beiden recht hat. **38** Zwanzig Jahre sind es nun, dass ich bei dir bin; nie haben deine Mutterschafe und deine Ziegen eine Fehlgeburt gethan, und Widder aus deiner Herde habe ich nicht gegessen. **39** Was zerrissen ward, habe ich dir nicht gebracht — ich selbst musste es ersetzen; mir fordertest du es ab, mochte es bei Tag oder bei Nacht geraubt sein. **40** Bei Tage verging ich vor Hitze und des Nachts vor Frost, und kein Schlaf kam in meine Augen. **41** Volle zwanzig Jahre habe ich dir in deinem Hauswesen gedient: vierzehn Jahre um deine beiden Töchter und sechs Jahre um die Herde; aber zehnmal ändertest du meinen Lohn. **42** Wenn nicht der Gott meines Ahnherrn, der Gott Abrahams, die majestätische Gottheit Jischaqs, für mich gewesen wäre — ja dann hättest du mich mit leeren Händen ziehen lassen! Wie ich mich gemüht und abgearbeitet habe, hat Elohim gesehen; darum trat er in vergangener Nacht für mich ein." **43** Da antwortete Laban und sprach zu Ja'qob: „Mein sind die Frauen und mein sind die Kinder und mein ist das Vieh, und alles, was du da hast, das ist mein. Aber was kann ich nun machen gegenüber diesen meinen Töchtern oder den Kindern, die sie geboren haben? **44** Aber wohlan! wir wollen einen Vertrag mit einander schliessen .... ¹³³), der soll dann Zeuge sein [für das Abkommen] zwischen mir und dir." **45** Hierauf nahm er Ja'qob ¹³⁴) einen Stein und richtete ihn auf als Malstein. *46 Da sprach Ja'qob zu seinen Stammes-*

---

133) Da sich והיה לעד nur auf ein vorhergenanntes Substantiv beziehen kann, so muss nach ואתה ein Satz ausgefallen sein; aber schwerlich ונעשה גל (Olsh. Dillm.), denn der Steinhaufe scheint nur J, die masseba nur E anzugehören.

134) Da nach V. 51 Laban den Malstein errichtet hat, so muss יעקב V. 45 (ob auch V. 46? vergl. Dillmann) eine wenn auch alte so doch irrige Glosse sein.

genossen: „*Lest Steine auf!*" *Da lasen sie Steine auf* [135])*, errichteten einen Steinhaufen und hielten dort auf dem Steinhaufen das [Opfer-]Mal.* ⁴⁷ Und Laban nannte ihn Jegar Sahaduta, Ja'qob aber nannte ihn Gal'ed [136]). ⁴⁸ *Da sprach Laban:* „*Dieser Steinhaufe ist nunmehr Zeuge [des Abkommens] zwischen mir und dir* — deshalb nannte er ihn Gal'ed [137]). ⁴⁹ *... und die Warte, indem er sprach: Jahve möge Wache halten [und einschreiten] zwischen mir und dir, wenn wir einander ferngerückt sind.* ⁵⁰ *Wenn du etwa meine Töchter schlecht behandeln oder noch mehr Weiber zu meinen Töchtern hinzunehmen wolltest — wenn [dann] niemand bei uns ist [der uns zur Rechenschaft ziehen könnte]: bedenke wohl, da ist* Elohim [138]) *Zeuge [des Abkommens] zwischen mir und dir!*" ⁵¹ **Da sprach Laban zu Ja'qob:** „**Wohlan!** dieser Steinhaufe und der Malstein, den ich errichtet habe [als Grenze] zwischen mir und dir — ⁵² Zeuge soll sein dieser Steinhaufe und **Zeuge soll sein der Malstein: weder ich darf über diesen** Steinhaufen [139]) **hinausgehen zu dir hinüber, noch darfst du über diesen** Steinhaufen und diesen **Malstein in feindlicher Absicht hinausgehen zu mir herüber.** ⁵³ **Der Gott Abrahams und der Gott Nachors mögen Richter sein zwischen uns,** der Gott ihres Vaters. **Ja'qob aber schwur bei der majestätischen Gottheit seines Vaters Jischaq.** ⁵⁴ **Hierauf schlachtete Ja'qob Opfertiere auf dem Berge und lud seine Stammesgenossen ein, das Mahl zu halten. Da hielten sie das Mahl und übernachteten dann auf dem Berge.**

32 ¹ **Am folgenden Morgen aber machte sich Laban reisefertig, küsste seine Enkel und seine Töchter und verabschiedete**

---

135) Nach der LA וילקטו mit LXX.

136) Dass V. 47, wenn ursprünglich aus E stammend (vergl. dagegen Wellh., Compos. XXI, 431), hier an unpassender Stelle von R eingefügt ist, wird auch von Dillmann eingeräumt.

137) על־כן קרא שמו ist sicher ursprünglich Bestandteil von J, aber von R hier eingeschoben (so auch Dillm.), um wohl oder übel das ganz fremdartige והמצפה etc. sogleich anschliessen zu können.

138) Die Zuweisung von אלהים an R (Dillm.) für ursprüngliches יהוה ist die einzige Möglichkeit, den jetzigen Text zu entwirren.

139) Der Bau des ganzen Satzes fordert, dass E auch hier, wie in 52 b את־המצבה הזאת hatte, welches von R durch den Steinhaufen verdrängt wurde.

sich von ihnen. Sodann machte sich Laban auf den Weg und kehrte zurück an seinen Wohnsitz. ² Auch Ja'qob war seines Weges gezogen; da begegneten ihm die Engel Elohims. ³ Da sprach Ja'qob, als er ihrer ansichtig wurde: Das ist das Heerlager Elohims! daher nannte er den betreffenden Ort Machanajim. ⁴ *Ja'qob aber sandte Boten voraus an seinen Bruder 'Esav nach Se'ir, ins Edomiterland*¹⁴⁰), ⁵ *und trug ihnen folgendes auf: „So sollt ihr sagen zu meinem Gebieter, zu 'Esav: dein Sklave Ja'qob lässt dir sagen: bei Laban habe ich geweilt und schob meine Rückkehr auf bis jetzt.* ⁶ *Ich gelangte aber in den Besitz von Rindern, Eseln und Schafen, Sklaven und Sklavinnen, und sende nun meinem Gebieter Botschaft, damit er mir wohlgeneigt werde."* ⁷ *Es kamen aber die Boten zu Ja'qob zurück und meldeten: „Wir trafen deinen Bruder 'Esav, als er schon unterwegs war, dir entgegenzuziehen, in Begleitung von 400 Mann."* ⁸ *Da geriet Ja'qob in grosse Furcht, und es wurde ihm bange. Hierauf teilte er die Leute, die er bei sich hatte, sowie die Schafe, die Rinder und die Kamele, in zwei Heerlager;* ⁹ *denn er dachte: Wenn 'Esav das eine Lager überfällt und die [dazu gehörigen] Leute niedermetzelt, so kann doch das andere Lager entrinnen.* ¹⁰ *Und Ja'qob betete: Du Gott meines Ahnherrn Abraham und meines Vaters Jischaq, Jahve, der du zu mir sprachst: kehre heim in dein Vaterland und an deinen Geburtsort und ich will sorgen, dass es dir wohlgeht:* ¹¹ *ich bin nicht wert aller der Wohlthaten und aller der Treue, die du deinem Diener bewiesen hast. [Nur] mit meinem Stabe überschritt ich den Jordan da, und jetzt gebiete ich über zwei Heerlager*¹⁴¹). ¹² *Ach, errette mich aus der Gewalt meines*

---

140) שדה. ארם wohl Dublette zu ארצה ש׳, denn auch E muss über die Voraussendung von Boten an 'Esav berichtet haben; näheres ist jedoch nicht auszumachen.

141) Der Anstoss Böhmer's an der ganz andersartigen Verwendung der „zwei Heerlager" in V. 11, als in V. 8, ist begreiflich, aber doch nicht erheblich genug, um 8 b—13 einer anderen Quelle zuzuweisen. Jedenfalls könnte dieselbe nicht E sein, sondern nur einer der späteren Redaktoren. (Nach Wellhausen, Compos. XXI, 440 ist der ganze Ton von V. 10—13 und dann auch 31, 3 eher der des Jehovisten; einen weiteren Anstoss könnte man auch an הירדן הזה

Bruders, aus der Gewalt ʿEsavs; denn ich fürchte mich vor ihm, dass er nicht etwa kommt und uns niedermetzelt, Mütter samt Kindern. ¹³ *Du aber hast ja verheissen: Ich will sorgen, dass es dir wohl gehe, und will deine Nachkommen so zahlreich werden lassen, wie die Sandkörner am Meere, die nicht zu zählen sind vor Menge.* ¹⁴ *Und er blieb dort über Nacht.* Hierauf schied er einen Teil seines Besitztums aus zu einem Geschenk für seinen Bruder ʿEsav: ¹⁵ 200 Ziegen und 20 Böcke, 200 Mutterschafe und 20 Widder, ¹⁶ 30 säugende Kamelinnen mit ihren Füllen, 40 junge Kühe und 10 junge Stiere, 20 Eselinnen und 10 Eselsfüllen, ¹⁷ übergab sie seinen Sklaven, jede Herde besonders, und gebot seinen Sklaven: „Ziehet voraus und lasst jedesmal einen Zwischenraum zwischen den Herden." ¹⁸ Sodann wies er den vordersten an: „Wenn mein Bruder ʿEsav auf dich stösst und dich fragt: Wem gehörst du an und wohin willst du und wem gehören diese [Tiere] da vor dir? ¹⁹ so sprich: Deinem Sklaven Jaʿqob [gehören sie]; sie sind ein Geschenk, das für meinen Gebieter ʿEsav bestimmt ist; er selbst aber folgt uns auf dem Fusse nach." ²⁰ Ebenso wies er auch den zweiten und den dritten und alle übrigen an, welche die Herden trieben, und sprach: „Ganz ebenso sollt ihr zu ʿEsav sagen, wenn ihr ihn antrefft, ²¹ und sollt beifügen: dein Sklave Jaʿqob selbst folgt uns auf dem Fusse nach." Er dachte nämlich: ich will ihn besänftigen mit dem Geschenk, das mir vorausgeht; erst dann will ich ihm unter die Augen treten, vielleicht wird er mich [dann] in Gnaden annehmen ¹⁴²). ²² So ging nun das Geschenk voraus, während er selbst jene Nacht im Lager zubrachte.

---

nehmen, da der Jordan doch kaum in unmittelbarer Nähe von Machanajim lag.) Immerhin bedenke man, dass der Name einer heiligen Stätte nicht wohl aus einem so misslichen Anlass, wie dem in V. 8, motiviert werden konnte, dass es vielmehr für den Erzähler geboten schien, der Sache eine solche Wendung zu geben, wie sie in V. 11 vorliegt. Dass irgendwo in dem Abschnitt 5—14a die Benennung von Machanajim (die R im Hinblick auf V. 1—3 nicht nochmals bringen konnte) erwähnt war, fordert שָׁם V. 14, welches ohnedies in der Luft schweben würde.

142) Nach Dillmann ist V. 21 vielleicht von R aus J eingefügt.

²³ *Und er erhob sich in jener Nacht und überschritt mit seinen beiden Frauen, seinen beiden Leibmägden und seinen elf Söhnen die Furt des Jabboq.* ²⁴ **Hierauf brachte er sie über den Fluss hinüber und brachte hinüber alles** ¹⁴³**), was ihm gehörte** ¹⁴⁴**).** ²⁵ *Ja'qob aber blieb allein zurück. Da rang einer mit ihm bis zum Anbruch der Morgenröte.* ²⁶ *Und als er sich überzeugte, dass er ihn nicht bezwingen könne, schlug er ihn auf die Hüftpfanne, sodass die Hüftpfanne Ja'qobs verrenkt ward, während er mit ihm rang* ¹⁴⁵*).* ²⁷ *Da sprach jener: „Lass mich los! denn die Morgenröte bricht an." Er antwortete: „Ich lasse dich nicht los, bis du mich gesegnet hast."* ²⁸ *Da fragte er ihn: „Wie heissest du?" Er antwortete: „Ja'qob."* ²⁹ *Da sprach er: „Du sollst künftig nicht mehr Ja'qob heissen, sondern Jisra'el; denn du hast mit Elohim und mit Menschen gekämpft und bist Sieger geblieben."* ³⁰ *Da bat Ja'qob: „Offenbare mir deinen Namen!" Er antwortete: „Wozu doch fragst du mich nach meinem Namen?" Hierauf segnete er ihn daselbst.* ³¹ *Ja'qob aber nannte die betreffende Stätte Peni'el; denn [sprach er] Auge in Auge habe ich Elohim gegenübergestanden und kam doch mit dem Leben davon.* ³² *Und als er Penu'el hinter sich hatte, ging die Sonne auf. Er hinkte aber wegen seiner Hüfte.* ³³ Aus diesem Grunde vermeiden die Jsraeliten bis auf den heutigen Tag, die Spannader zu essen, welche über die Hüftpfanne läuft, weil er Ja'qob auf die Hüftpfanne die Spannader geschlagen hat.

---

143) Nach der LA את־כל־אשר mit LXX Sam. Syr. Vulg.

144) V. 24 ist E ganz zugewiesen, obschon uns sehr fraglich ist, ob nicht 24 b die Fortsetzung von 23, also des Berichtes von J, bildet. Ueber den Anschluss von V. 25 ist damit nichts ausgesagt. Die ersten Worte desselben besagen nicht notwendig: „Ja'qob blieb auf dem nördlichen Ufer zurück", sondern können einfach bedeuten: als J. [einmal oder in jener Nacht] allein hinter dem Zug zurückblieb u. s. w. Weit wahrscheinlicher ist jedoch, dass sich die Worte ursprünglich an etwas jetzt ausgefallenes anschlossen.

145) בהאבקו עמו enthält genau genommen eine andere Motivierung der Hüftverrenkung, als die unmittelbar vorhergehende durch den Schlag, und ist darum befremdlich. Schwerlich liegt jedoch darin ein Indicium eines Parallelberichts bei E, sondern eher eine alte Glosse, die den wahren Sinn des ויגע verkannte.

33 ¹ *Als nun Ja'qob gewahrte, dass 'Esav herankam in Begleitung von 400 Mann, da verteilte er die Kinder auf Lea und Rachel und die beiden Mägde.* ² *Und zwar stellte er die Mägde mit ihren Kindern an die Spitze, dahinter Lea mit ihren Kindern und dahinter Rachel mit Joseph.* ³ *Er selbst aber ging voraus und verneigte sich siebenmal bis auf den Boden, bis er ganz nahe an seinen Bruder herangekommen war.* ⁴ *'Esav aber lief ihm entgegen und schloss ihn in seine Arme, fiel ihm um den Hals und küsste ihn, und sie weinten.* ⁵ *Als er aber aufblickte und die Frauen mit den Kindern gewahrte, fragte er: „Wer sind denn diese da bei dir?"* Er *antwortete:* „Die Kinder, die Elohim deinem Sklaven geschenkt hat ¹⁴⁶)." ⁶ *Da traten die Mägde herzu mitsamt ihren Kindern und verneigten sich;* ⁷ *sodann traten auch Lea und ihre Kinder herzu, und darnach trat Joseph herzu und Rachel und verneigten sich.* ⁸ *Da fragte er: „Was bezwecktest du denn mit diesem ganzen Zug, auf den ich stiess?" Er erwiderte: „Ich wünschte meinen Gebieter freundlich zu stimmen."* ⁹ *Da antwortete 'Esav: „Ich habe Besitztum in Fülle; behalte, lieber Bruder, was dir gehört!"* ¹⁰ *Da sagte Ja'qob: „Nicht doch! wenn ich dir irgend etwas gelte, so musst du meine Gabe von mir annehmen, da ich ja doch dein Antlitz zu sehen bekam, wie das eines himmlischen Wesens, und du mich zu Gnaden annahmst ¹⁴⁷).* ¹¹ Nimm doch das Geschenk von mir an, das dir überbracht worden ist. Denn Elohim hat mich [reich] gesegnet, und ich habe vollauf." *So drang er in ihn, bis er es annahm.* ¹² *Hierauf sagte er: „Lass uns aufbrechen und weiter ziehen; ich aber will vor dir herziehen."* ¹³ *Er antwortete ihm: „Mein*

---

146) Die Zuweisung von 5 b an E fusst nicht bloss auf dem Gebrauch von אלהים, sondern namentlich auf der Beschränkung der Antwort auf die Kinder, während V. 5 a Weiber und Kinder genannt waren.

147) V. 8—10 sind in pleno J zugewiesen, obschon nicht ohne die schwersten Bedenken. Ist in V. 10 thatsächlich eine andere Erklärung von Peni'el enthalten (Wellh.), so müsste der Vers E angehören (denn von der Zugehörigkeit von 32, 25 ff. zu E vermögen wir uns in keiner Weise zu überzeugen): aber die gebrauchten Wendungen (namentlich כי על־כן) sprechen zu gebieterisch für J.

Gebieter sieht selbst, dass die Kinder noch zart sind, und unter den Schafen und Rindern sind säugende Tiere, für die ich Sorge tragen muss; wollte ich die auch nur einen einzigen Tag überanstrengen ¹⁴⁸), so würde die ganze Herde zu Grunde gehen. ¹⁴ Mein Gebieter wolle doch vorausziehen vor seinem Sklaven; ich aber will in aller Gemächlichkeit den Marsch fortsetzen, so wie es die Kräfte der Herde, die ich zu treiben habe, und die Kräfte der Kinder gestatten, bis ich zu meinem Gebieter nach Seʻir gelange." ¹⁵ Da sagte ʻEsav: „So will ich wenigstens einen Teil der Leute, die ich bei mir habe, [zu deinem Schutze] bei dir lassen." Er erwiderte: „Wozu doch? Möge mir nur mein Gebieter wohlgeneigt bleiben." ¹⁶ So kehrte ʻEsav an jenem Tage um [und zog] seines Weges nach Seʻir. ¹⁷ Jaʻqob aber zog weiter nach Sukkot und erbaute sich eine Wohnung; für sein Vieh aber errichtete er Laubhütten. Infolge dessen nennt man den Ort Sukkot. ¹⁸ **Und Jaʻqob gelangte wohlbehalten nach der Stadt Schekhems, die im Lande Kenaʻan liegt, als er aus Paddan Aram kam. Und er schlug vor der Stadt sein Lager auf. ¹⁹ Das Stück Feld aber, auf dem er sein Zelt aufgeschlagen hatte, erwarb er von den Söhnen Chamors,** des Vaters Schekhems, **um den Preis von 100 Qesita. ²⁰ Und er stellte daselbst ...** ¹⁴⁹) **einen Altar auf und nannte ihn El, Gott Israels.**

¹ Als ¹⁵⁰) nun einst Dina, die Tochter Leas, die sie Jaʻqob 34

---

148) Nach der LA ידפקתים mit LXX Sam. Syr.

149) Nach רצב־שם muss ursprünglich, wie Wellh. erkannt hat, מצבה gestanden haben und weiter wohl ויבן; der Anstoss an der Masseba bewirkte die Auslassung beider Worte. Zur Annahme einer Komposition aus J und E sehen wir hier keinen Grund.

150) Die von uns in Kap. 34 Q zugewiesenen Sätze werden von Wellhausen und Kuenen aus Gründen, deren Gewicht wir keineswegs unterschätzen, dieser Quelle abgesprochen. Wenn wir sie dennoch mit den sonst für Q verwendeten Typen wiedergeben, so drücken wir damit die Ueberzeugung aus, dass der betreffende Erzähler mindestens dem Kreise von Q sehr nahe gestanden hat. Uebrigens will die von uns gebotene Analyse (z. B. der verzweifelten Verse 2. 3. 13 f.) nur ein Versuch heissen, dem Rätsel der Komposition dieses Kapitels beizukommen. Wiederholungen, wie בת יעקב und das doppelte הנערה V. 3 und manches andere der Art, deuten auf ziemlich weitgehende redaktionelle Eingriffe.

geboren hatte, ausging, *um Bewohnerinnen des Landes kennen zu lernen,* ² erblickte sie Schekhem, der Sohn des Chiwwiters Chamor, des Landesfürsten; *der ergriff sie,* wohnte ihr bei *und vergewaltigte sie.* ³ Und er hing mit ganzer Seele an Dina, der Tochter Ja'qobs, und gewann das Mädchen lieb *und suchte das Mädchen zu beruhigen.* ⁴ Hierauf bat Schekhem seinen Vater Chamor: „Wirb für mich um dieses Mädchen, daß sie mein Weib werde!" ⁵ *Ja'qob aber hatte es erfahren, dass er seine Tochter Dina geschändet habe — seine Söhne aber waren mit seiner Herde auf dem Weideplatz, und Ja'qob unternahm nichts bis zu ihrer Rückkunft.* ⁶ Da begab sich Chamor, der Vater Schekhems, zu Ja'qob, um mit ihm Rücksprache zu nehmen. ⁷ *Als nun die Söhne Ja'qobs vom Weideplatz heimkamen und es hörten, wurden sie erbittert und gerieten in grossen Zorn; denn damit, dass er die Tochter Ja'qobs beschlief, hatte er eine That begangen, die als eine schwere Schandthat in Israel empfunden wurde; derartiges hätte nimmermehr geschehen sollen!* ⁸ Da nahm Chamor das Wort und sprach zu ihnen ¹⁵¹): „Mein Sohn Schekhem hat sein Herz an das Mädchen aus eurer Familie gehängt; bitte, gebt sie ihm zum Weibe ⁹ und verschwägert euch mit uns; ihr gebt uns eure Töchter und nehmt euch unsre Töchter ¹⁰ und bleibt bei uns wohnen: das Land soll euch offen stehen; bleibt da und zieht in ihm umher und setzt euch darin fest!" ¹¹ *Da sprach Schekhem zu ihrem Vater und zu ihren Brüdern: „Möchtet ihr mir geneigt sein! Was ihr auch fordern mögt, will ich geben.* ¹² *Mögt ihr noch so viel an Morgengabe und Geschenken fordern, so will ichs geben, wie ihr es von mir fordern werdet; gebt mir nur das Mädchen zum Weibe!"* ¹³ Da gaben die Söhne Ja'qobs dem Schekhem und seinem Vater Chamor hinterlistigen Bescheid und .... ¹⁵²), weil er ihre Schwester Dina ge-

---

151) אתם, wie V. 6 zeigt, für urspr. אתו.

152) „gaben hinterlistigen Bescheid" als Uebersetzung von ויענו במרמה; וידברו schwebt gegenwärtig in der Luft und beweist damit um so mehr für einen redaktionellen Eingriff. Dabei ist jedoch schwer zu sagen, welche anderweitigen Elemente in V. 13, den wir in seiner jetzigen Gestalt Q zugewiesen haben, enthalten sind. In J müsste der Vers etwa gelautet haben: da antworteteten Schim'on und Levi, die Söhne Ja'qobs, dem Schekhem trüglich.... Daran könnte sich

schändet hatte. ¹⁴ Und sie sprachen zu ihnen: „Wir können uns nicht darauf einlassen, unsere Schwester einem unbeschnittenen Manne zu geben; denn dies gilt uns als schmachvoll. ¹⁵ Nur unter der Bedingung wollen wir euch willfahren, wenn ihr werden wollt, wie wir, indem ihr alles, was männlich ist unter euch, beschneiden laßt. ¹⁶ Dann wollen wir euch unsere Töchter geben und uns eure Töchter nehmen und wollen bei euch wohnen bleiben, damit wir zu einem Volke werden. ¹⁷ Wollt ihr aber hinsichtlich der Beschneidung nicht auf unsere Forderung eingehen, so nehmen wir das Mädchen und ziehen fort." ¹⁸ Ihr Vorschlag gefiel Chamor und Schekhem, dem Sohne Chamors. *¹⁹ Und der junge Mann zögerte nicht, so zu thun; denn er hatte Gefallen an der Tochter Ja'qobs und er war der angesehenste in seiner ganzen Familie.* ²⁰ Da begaben sich Chamor und sein Sohn Schekhem zum Platz am Stadtthor und redeten ihre Mitbürger also an: ²¹ „Diese Männer haben redliche Absichten gegen uns; laßt sie sich ansiedeln im Lande und es durchziehen; hat doch das Land Raum für sie nach allen Seiten! Ihre Töchter wollen wir uns zu Weibern nehmen und ihnen unsere Töchter geben. ²² Jedoch nur unter der Bedingung wollen diese Männer einwilligen, bei uns wohnen zu bleiben, damit wir zu einem Volk werden, wenn sich alle Männer unter uns beschneiden lassen, wie sie selbst beschnitten sind. ²³ Ihre Herden und ihre Habe und all ihr Vieh gehören [dann] uns. So wollen wir ihnen doch zu Willen sein, damit sie bei uns wohnen bleiben." ²⁴ Da fügten sie sich dem Vorschlag Chamors und seines Sohnes Schekhem, sämtliche Ortsansässige, und alle Männer, sämtliche Ortsansässige, ließen sich beschneiden. ²⁵ Am dritten Tage aber, als sie wundkrank waren, da griffen die *beiden* Söhne Ja'qobs, *Schim'on und Levi, die Brüder der Dina*, zum Schwert, überfielen die nichts ahnende Stadt und erschlugen alle Männer ¹⁵³). ²⁶ Auch

---

sogar der Anfang von V. 14 angeschlossen haben; denn wenn, wie kaum zu bezweifeln, V. 19 zu J gehört, so wurde auch nach seinem Bericht irgendwelche Forderung an Schekhem gestellt. Aber welche? Wenn gleichfalls die Beschneidung, so stände dies in Widerspruch mit Ex. 4, 24 ff., falls dort die Einsetzung der Beschneidung nach J berichtet wird.

153) Da von den beiden in V. 25 verschmolzenen Berichten nur einer im Zusammenhang wiedergegeben werden konnte, haben wir

Chamor und seinen Sohn *Schekhem* töteten sie mit dem Schwert, holten die Dina aus dem Hause Schekhems und zogen ab. ²⁷ Die Söhne Ja'qobs fielen über die Erschlagenen her und plünderten die Stadt aus, weil man ihre Schwester geschändet hatte. ²⁸ Ihre Schafe, Rinder, Esel und was in der Stadt [selbst] und was draußen war, nahmen sie weg, ²⁹ und alle ihre Habe und alle ihre kleinen Kinder und ihre Weiber führten sie fort als Gefangene und plünderten, dazu alles, was in den Häusern war. ³⁰ Da sprach Ja'qob zu Schim'on und Levi: „Ihr habt mich ins Unglück gestürzt; denn ihr habt mich verhasst gemacht bei den Bewohnern des Landes, den Kena'anitern und Perizzitern, während ich doch nur über wenig Leute verfüge. Und sie werden sich wider mich zusammenrotten und mich besiegen, und so werde ich samt meiner Familie vernichtet werden." ³¹ Da erwiderten sie: „Durfte er unsere Schwester wie eine Hure behandeln?"

35 ¹ **Da sprach Elohim zu Ja'qob: „Auf, ziehe hinauf nach Betel, verweile dort und errichte dort einen Altar dem Gotte, der dir erschien, als du vor deinem Bruder 'Esav flohest." ² Da gebot Ja'qob seiner Familie und allen, die mit ihm waren: „Schafft die ausländischen Götter weg, die ihr bei euch habt, und sorgt, dass ihr rein seid, und wechselt die Kleider, ³ damit wir hinauf nach Betel ziehen, denn ich will dort einen Altar errichten dem Gott, der mich erhört hat in der Zeit meiner Drangsal und der mit mir war auf dem Wege, den ich gezogen bin." ⁴ Da lieferten sie an Ja'qob die ausländischen Götter ab, die in ihrem Besitz waren, sowie die Ringe, die sie an ihren Ohren trugen, und Ja'qob verscharrte sie unter der Terebinthe, die bei Schekhem steht.** ⁵ Sodann brachen sie auf; es lag aber ein von Elohim gewirkter Schrecken auf den Ortschaften rings um sie her, so daß man die Söhne Ja'qobs nicht verfolgte ¹⁵⁴). ⁶ Und

---

uns für Q entschieden. Der Bericht von J wird gelautet haben (vergl. Wellh., Compos. XXI, 436): da griffen die beiden Söhne Ja'qobs, Schim'on und Levi, die Brüder Dinas, zum Schwert, kamen in die Stadt, töteten etc. (V. 26). Dabei muss übrigens im Hinblick auf 49, 5 f. zugestanden werden, dass J noch etwas mehr berichtet haben muss, als bloss die Tötung des Schekhem.

154) Dass R einen Teil dieses Verses aus dem Bericht von E über die Eroberung Sichems entnommen hat (Dillmann), erscheint

Ja'qob gelangte nach Luz, welches im Lande Kena'an liegt, das ist Betel [155]), samt allen den Leuten, die mit ihm zogen, ⁷ und er errichtete daselbst einen Altar und nannte die Stätte: Gott von Betel, weil sich ihm Elohim dort offenbart hatte, als er vor seinem Bruder floh. ⁸ Es starb aber Debora, die Amme der Ribqa, und wurde begraben unterhalb Betel unter der Eiche; die nennt man [deshalb] Klageeiche. ⁹ Da erschien Elohim dem Ja'qob abermals bei seiner Rückkunft aus Paddan Aram und segnete ihn. ¹⁰ Und Elohim sprach zu ihm: „Du heißest Ja'qob; du sollst fortan nicht mehr Ja'qob heißen, sondern Jisrael soll dein Name sein." Daher nennt man ihn Jisrael [156]). ¹¹ Und Elohim sprach zu ihm: „Ich bin El Schaddaj; du sollst zahlreiche Nachkommen haben. Ein Volk, ja eine Schar von Völkern soll von dir abstammen, und sogar Könige werden unter deinen leiblichen Nachkommen sein. ¹² Und das Land, das ich Abraham und Jischaq verliehen habe, dir will ich es verleihen, und deinen Nachkommen will ich das Land verleihen. ¹³ Und Elohim fuhr auf von ihm an der Stätte, wo er mit ihm geredet hatte [157]). ¹⁴ Da stellte Ja'qob einen Malstein auf an dem Orte, wo er mit ihm geredet hatte — ein Steinmal, und goß ein Trankopfer über dasselbe aus und schüttete Oel auf dasselbe [158]). ¹⁵ Und Ja'qob nannte die Stätte, woselbst Elohim mit ihm geredet hatte, Betel.

---

auch uns sehr wahrscheinlich. Nur sind dann „die Söhne Ja'qobs" auf Rechnung von R zu setzen, denn nach 48, 22 war bei E Ja'qob selbst am Kampfe beteiligt.

155) Der Text von E wird einfach gelautet haben: רבא ביתאל.

156) Dass eine Motivierung des Namens Jisrael, die auch Q in irgend welcher Form gehabt haben muss, im Hinblick auf 32, 29 hier unterdrückt ist, erscheint zweifellos. Fraglich dagegen ist, ob nicht Q diesen Vers (10) in anderem Zusammenhang gehabt hat. Denn 35, 11 schliesst sichtlich an V. 9 an, und dass zwei Verse nacheinander mit ויאמר לו א׳ beginnen, wäre selbst bei Q auffällig.

157) במקום יג׳ Dittographie aus V. 14, die für den wirklichen Abschluss von Q (etwa אחרי כלותי לדבר א׳) eingedrungen ist.

158) V. 14 ist nach langem Schwanken R zugewiesen, immerhin in der Ueberzeugung, dass ihn R irgendwoher aus J entnommen hat, und dass מצבת אבן Epexegese zu מצבה (oder umgekehrt?), sowie dass ויצק ש׳ ש׳ eine auf 28, 18 hinblickende Glosse zu ויסך וג׳ ist. Die

¹⁶ Sodann zogen sie von Betel weiter, und als sie nun noch eine Strecke Wegs bis Ephrat hatten, befielen Rachel Geburtswehen, und sie hatte eine schwere Geburt. ¹⁷ Und als ihr die Geburt so schwer wurde, sprach die Geburtshelferin zu ihr: „Sei getrost — du hast auch diesmal einen Sohn!" ¹⁸ Als aber ihr Leben entfloh — denn sie musste sterben — da nannte sie ihn „Schmerzenskind"; sein Vater aber nannte ihn Binjamin. ¹⁹ Hierauf starb Rachel und wurde begraben an der Strasse nach Ephrat, das ist Betlechem. ²⁰ Und Ja'qob errichtete einen Malstein auf ihrem Grab — das ist der Malstein auf dem Grab der Rachel, der noch heute vorhanden ist. ²¹ Hierauf zog Jisrael weiter und schlug sein Zelt auf jenseits von Migdal'eder. ²² Während aber Jisrael in dieser Gegend wohnte, ging Re'uben hin und beschlief Bilha, das Kebsweib seines Vaters. Und als Jisrael hörte ... ¹⁵⁹).
Es waren aber die Söhne Ja'qobs ihrer zwölf. ²³ Von Lea: der erstgeborene Sohn Ja'qobs Re'uben, und Schim'on, Levi, Jehuda, Jissakhar und Zebulun. ²⁴ Von Rachel: Joseph und Binjamin. ²⁵ Und von Bilha, der Leibmagd Rachels: Dan und Naphtali; ²⁶ und von Zilpa, der Leibmagd Leas: Gad und Ascher. Das sind die Söhne Ja'qobs, die ihm in Paddan Aram geboren worden waren. ²⁷ Und Ja'qob gelangte zu seinem Vater Jischaq nach Mamre, der Stadt der vier — das ist Chebron —, woselbst Abraham und Jischaq als Fremdlinge geweilt hatten. ²⁸ Es belief sich aber die Lebenszeit Jischaqs auf 180 Jahre; ²⁹ da verschied Jischaq und starb und ging ein zu seinen Stammesgenossen,

---

Herleitung von Q (Dillm.) erscheint nur denkbar, wenn die Masseba bereits ganz harmlos ausserhalb jeder Beziehung zum Kultus gedacht und die Libation als eine Jahve dargebrachte gemeint sein könnte. Aber auch dann bleibt der Anstoss, dass Q sonst absolut nirgends ein Opfer oder eine opferähnliche Handlung vor der Errichtung der legitimen Opferstätte gelten lässt. Und nun gar eine Opferhandlung in Betel!

159) Auf eine nähere Analyse von 16—22 a verzichten wir und teilen das Stück in toto JE zu, da sich Spuren von beiden finden; dass überdies auch R in dem Abschnitt thätig gewesen, ist mindestens sehr wahrscheinlich.

hochbetagt und lebensfatt, und seine Söhne 'Esav und Ja'qob bestatteten ihn.

¹ Dies ¹⁶⁰) sind die Nachkommen 'Esavs, das ist Edom. ² 'Esav hatte 36 sich Kena'aniterinnen zu Weibern genommen: 'Ada, die Tochter des Chittiters Elon und Oholibama, die Tochter 'Anas, der Tochter Sib'ons, des Choriters ¹⁶¹); ³ endlich Basemat, die Tochter Jischma'els, die Schwester Nebajots. ⁴ 'Ada aber gebar 'Esav den Eliphaz, Basemat gebar Re'uel ⁵ und Oholibama gebar Je'usch, Ja'lam und Qorach. Das sind die Söhne 'Esavs, die ihm in Kena'an geboren wurden. ⁶ Hierauf zog 'Esav mit seinen Weibern, seinen Söhnen und Töchtern und allen Sklaven, die zu seinem Hausstand gehörten, mit seiner Herde und mit allen seinen Lasttieren und mit aller seiner Habe, die er in Kena'an erworben hatte, von seinem Bruder Ja'qob hinweg ins Land... ¹⁶²). ⁷ Denn ihr Besitz war zu groß, als daß sie hätten bei einander bleiben können, und das Land, in welchem sie als Fremdlinge weilten, reichte für sie nicht aus wegen ihrer [großen] Herden. ⁸ Und 'Esav nahm seinen Aufenthalt auf dem Gebirge Se'ir; 'Esav das ist Edom. ⁹ Dies sind die Nachkommen 'Esavs, des Stammvaters der Edomiter, auf dem Gebirge Se'ir. ¹⁰ Dies sind die Namen der Söhne 'Esavs: Eliphaz, der Sohn der 'Ada, des Weibes 'Esavs; Re'uel, der Sohn der Basemat, des Weibes 'Esavs. ¹¹ Die Söhne des Eliphaz aber waren: Teman, Omar, Sepho, Ga'tam und Qenaz. ¹² Und Timna' war ein Kebsweib des Eliphaz, des Sohnes 'Esavs; die gebar dem Eliphaz den 'Amaleq. Dies sind die Nachkommen der 'Ada, des Weibes 'Esavs. ¹³ Und dies sind die Söhne

---

160) Die zahlreichen Dubletten, die dieses Kapitel bietet, können natürlich nur auf Rechnung der Redaktoren gesetzt werden. Der Anfang der edomitischen Genealogie bei Q scheint in V. 9 a vorzuliegen. Wir haben jedoch auf eine Ausscheidung der von R aus seinen Vorlagen entnommenen Bestandteile (so dürften namentlich die אלופים V. 15 ff. aus JE stammen) verzichtet, V. 1—5, sowie 9—30 R zugewiesen und nur einige nachträgliche Glossen kenntlich gemacht. Nach Dillmann hätte R V. 9—19 wesentlich Q zu Grunde gelegt, jedoch V. 10. 13 f. 16—18 geändert und V. 12, wohl auch V. 14, sowie אלוף עמלק und היא אדום V. 19 eingesetzt. V. 20—28 weist Dillm., obschon zweifelnd, J zu.

161) Für den offenbaren Schreibfehler החוי lies nach V. 20 ff. החרי.

162) Ohne Zweifel ist שעיר ausgefallen.

Re'u'els: Nachat, Zerach, Schamma und Mizza ¹⁶³). Dies waren die Söhne der Basemat, des Weibes 'Esaus. ¹⁴ Und dies waren die Söhne der Oholibama, der Tochter 'Anas, der Tochter Sib'ons, des Weibes 'Esaus: die gebar dem 'Esau Je'usch, Ja'lam und Qorach.

¹⁵ Dies sind die Häuptlinge der Söhne 'Esaus: die Söhne des Eliphaz, des Erstgeborenen 'Esaus waren: der Häuptling Teman, der Häuptling Omar, der Häuptling Sepho, der Häuptling Qenaz, ¹⁶ der Häuptling Qorach, der Häuptling Ga'tam, der Häuptling 'Amaleq. Dies sind die Häuptlinge, [welche abstammen] von Eliphaz im Lande Edom; dies sind die Nachkommen der 'Ada. ¹⁷ Und dies waren die Söhne Re'u'els, des Sohnes 'Esaus: der Häuptling Nachat, der Häuptling Zerach, der Häuptling Schamma, der Häuptling Mizza; dies sind die Häuptlinge, [welche abstammen] von Re'u'el im Lande Edom; dies sind die Nachkommen der Basemat, des Weibes 'Esaus. ¹⁸ Und dies sind die Söhne der Oholibama, des Weibes 'Esaus: der Häuptling Je'usch, der Häuptling Ja'lam, der Häuptling Qorach; dies sind die Häuptlinge, [welche abstammen] von Oholibama, der Tochter 'Anas, des Weibes 'Esaus. ¹⁹ Dies sind die Söhne 'Esaus und dies ihre [Stammes-]Häuptlinge: das ist Edom.

²⁰ Dies sind die Söhne Se'irs, des Choriters, die Ureinwohner des Landes: Lotan, Schobal, Sib'on, 'Ana, ²¹ Dischon, Eser und Dischan ¹⁶⁴); dies sind die Häuptlinge der Choriter, die Söhne Se'irs im Lande Edom. ²² Und die Söhne Lotans waren Chori und Hemam, und die Schwester Lotans war Timna'. ²³ Und dies sind die Söhne Schobals: 'Alvan, Manachat, 'Ebal, Schepho und Onam. ²⁴ Und dies sind die Söhne Sib'ons: Ajja ¹⁶⁵) und 'Ana; das ist derselbe 'Ana, der die ..... in der Steppe entdeckte, als er die Esel seines Vaters Sib'on weidete. ²⁵ Und dies sind die Söhne 'Anas: Dischon .... und Oholibama war die Tochter 'Anas. ²⁶ Und dies sind die Söhne Dischons ¹⁶⁶): Chemdan ¹⁶⁷), Eschban, Jitran und Keran. ²⁷ Dies sind die Söhne Esers: Bilhan, Za'van und 'Aqan. ²⁸ Dies sind die Söhne Dischans: 'Us und Aran. ²⁹ Dies sind die Häuptlinge der Choriter: der Häuptling Lotan, der Häuptling Schobal, der Häuptling Sib'on, der Häuptling 'Ana, ³⁰ der Häuptling Dischon, der Häuptling Eser, der Häuptling Dischan; dies

---

163) Beachte die Zusammenstellung von „Herabsteigen und Aufgang, dort und hier" (שָׁמָּה וּמִיָּה).
164) LXX Rison; ebenso V. 28. 30.
165) LXX Sam. Syr. Vulg.: איה für ואיה.
166) l. mit LXX Syr. Vulg., sowie 1 Chron. 1, 41 דישן.
167) 1 Chron. 1, 41 bietet חמרן.

sind die Häuptlinge der Choriter nach ihren [Stammes-]Häuptlingen im Lande Seʻir. ³¹ Und ¹⁶⁸) dies sind die Könige, die über Edom geherrscht haben, bevor es einen König der Jisraeliten gab. ³² Es war König über Edom Belaʻ, der Sohn Beʻors, und seine Residenz hiess Dinhaba. ³³ Nach dem Tode Belaʻs wurde Jobab, der Sohn Zerachs, aus Bosra König an seiner Statt. ³⁴ Nach dem Tode Jobabs wurde Chuscham aus dem Lande der Temaniter König an seiner Statt. ³⁵ Nach dem Tode Chuschams wurde Hadad, der Sohn Bedads, König an seiner Statt; das ist derselbe, welcher den Midjanitern auf der [Hoch-]Ebene von Moab eine Niederlage beibrachte, und seine Residenz hiess ʻAvjat. ³⁶ Nach dem Tode Hadads wurde Samla aus Masreqa König an seiner Statt. ³⁷ Nach dem Tode Samlas wurde Schaʼul aus Rechobot-hanahar König an seiner Statt. ³⁸ Nach dem Tode Schaʼuls wurde Baʻal-chanan, der Sohn ʻAkhbors, König an seiner Statt. ³⁹ Nach dem Tode Baʻal-chanans, des Sohnes ʻAkhbors, wurde Hadar König an seiner Statt; seine Residenz aber hiess Paʻu und sein Weib Mehetabel, die Tochter der Matred, der Tochter Me-zahabs. ⁴⁰ Dies sind die Namen der [Stammes-]Häuptlinge ʻEsavs nach ihren Stämmen, Ortschaften und Namen: der Häuptling Timnaʻ, der Häuptling ʼAlva, der Häuptling Jetet, ⁴¹ der Häuptling Oholibama, der Häuptling Ela, der Häuptling Pinon, ⁴² der Häuptling Qenaz, der Häuptling Teman, der Häuptling Mibsar, ⁴³ der Häuptling Magdiʼel und der Häuptling ʼJram: dies sind die [Stammes-]Häuptlinge von Edom nach ihren Wohnsitzen in dem Lande, das sie in Besitz genommen hatten, das ist [von] ʻEsav, dem Stammvater Edoms.

¹ Jaʻqob aber blieb wohnen in dem Lande, wo sein Vater 37 als Fremdling geweilt hatte, im Lande Kenaʻan. ² Das ist die Geschichte Jaʻqobs: Als Joseph siebzehn Jahre alt war, pflegte er mit seinen Brüdern die Schafe zu hüten ¹⁶⁹) — er war

168) V. 31 ff. mit Wellh. (s. auch Kuenen S. 68) JE, von Dillm. Q zugewiesen.

169) Möglich, dass die Worte von היה bis בצאן noch zu Q gehören; doch müsste dann auch E etwas ganz ähnliches gehabt haben. Für die Zuweisung von 2 b an E spricht aber, dass die Zwischen-

aber noch jung — mit den Söhnen der Bilha und Zilpa, der Weiber seines Vaters; und wenn man ihnen etwas schlimmes nachsagte, so hinterbrachte es Joseph ihrem Vater. ³ *Jisrael aber liebte Joseph mehr, als alle seine anderen Söhne, weil er ihm in seinem hohen Alter geboren worden war, und er liess ihm ein Aermelkleid machen.* ⁴ *Als nun seine Brüder gewahrten, dass ihr Vater ihn mehr liebte, als alle seine anderen Söhne* ¹⁷⁰), *warfen sie einen Hass auf ihn und brachten es nicht über sich, ihm ein freundliches Wort zu gönnen.* ⁵ **Einst hatte Joseph einen Traum;** den erzählte er seinen Brüdern da haßten sie ihn noch ärger ¹⁷¹), ⁶ **und sprach zu ihnen: „Höret einmal den Traum, den ich gehabt habe! ⁷ Wir waren beschäftigt, draussen auf dem Felde Garben zu binden; da richtete sich meine Garbe auf und blieb stehen; eure Garben aber stellten sich rings herum und warfen sich dann vor meiner Garbe nieder." ⁸ Da erwiderten ihm seine Brüder: „Willst du etwa gar König über uns werden oder über uns herrschen?"** Seitdem haßten sie ihn noch ärger wegen seiner Träume und wegen seiner Reden ¹⁷²). ⁹ **Und ein andermal hatte er wieder einen Traum; den erzählte er seinen Brüdern folgendermassen: „Hört, ich habe noch einen Traum gehabt — da war die Sonne und der Mond und elf Sterne, die warfen sich vor mir nieder."** ¹⁰ Als er das seinem Vater und seinen Brüdern erzählte ¹⁷³), **da schalt ihn sein Vater und sprach zu ihm: „Was ist das für ein Traum, den du da**

trägerei Josephs eine andere Motivierung des Hasses der Brüder ist, als sie V. 4 aus J gegeben wird.

170) Nach der LA בנו mit LXX Sam.

171) Nach Dillmann hätten diese Worte ursprünglich an Stelle von 8 b, letzterer Halbvers aber hinter oder vor 11 a gestanden. Dann müsste auch E schon früher (nach V. 2?) von einem Hass der Brüder berichtet haben; vergl. indes V. 11.

172) S. die vorige Anm.; der Zusatz ist verfrüht, da erst ein Traum erzählt ist.

173) Die Wiederholung eines Teils von 9 a (man beachte jedoch ספר אל, welches sonst nur in der Bedeutung „in bezug auf" vorkommt) samt dem Zusatz אל־אביו soll erklären, wie sich Ja'qob über den Traum äussern konnte, den er doch nach V. 9 nicht hatte erzählen hören.

gehabt hast? Sollen etwa ich und deine Mutter und deine
Brüder kommen und uns vor dir niederwerfen auf den Boden?"
[11] Infolge dessen waren seine Brüder eifersüchtig auf ihn;
sein Vater aber merkte sich die Sache.
[12] *Als nun einst seine Brüder hingegangen waren, um bei
Schekhem die Schafe ihres Vaters zu weiden,* [13] *da sprach
Jisrael zu Joseph: „Deine Brüder weiden bei Schekhem; wohlan,
ich will dich zu ihnen schicken."* Jener erwiderte: „Ich bin
bereit!" [14] Da sprach er zu ihm: „Geh und sieh zu, ob es
deinen Brüdern und der Herde wohl geht und bringe mir Bescheid!" *So schickte er ihn hinweg aus dem Thale von Chebron* [174]*), und er gelangte nach Schekhem.* [15] Da traf ihn jemand, wie er auf freiem Felde umherirrte, und fragte ihn:
„Was suchst du?" [16] Er antwortete: „Meine Brüder suche
ich; sage mir doch, wo sie jetzt weiden." [17] Der Mann erwiderte: „Sie sind von hier weggezogen; ich hörte sie sagen:
wir wollen nach Dotan gehen!" Da folgte Joseph der Spur
seiner Brüder und traf sie in Dotan. [18] Als sie ihn nun in
der Ferne erblickten, *und ehe er noch zu ihnen herangekommen
war, schmiedeten sie einen tückischen Plan gegen ihn, ihn umzubringen;* [19] da riefen sie einander zu: „Seht, da kommt ja
der Träumer her! [20] Kommt, wir wollen ihn totschlagen und
in die erste beste Zisterne werfen und wollen vorgeben, ein
reissendes Tier habe ihn gefressen; dann wird sich zeigen,
was an seinen Träumen ist!" [21] *Als Re'uben* [175]*) das hörte,
suchte er ihn zu retten und sprach: „Nein, totschlagen wollen
wir ihn nicht!"* [22] Da sprach Re'uben zu ihnen: „Vergiesst
nur kein Blut! Werft ihn in die Zisterne hier, aber legt nicht
Hand an ihn!" [So sagte er], um ihn aus ihrer Gewalt zu
erretten, um ihn seinem Vater zurückzubringen. [23] *Als nun
Joseph zu seinen Brüdern herangekommen war,* da zogen sie

---

174) Ob Chebron wirklich dem Text von J angehört hat, mag
auf sich beruhen.
175) Da bei J überall Juda Obmann der Brüder ist und Re'uben
V. 22 sichtlich neu eingeführt wird, so kann Re'uben V. 21 nur
Korrektur für urspr. Jehuda sein (Wellh.). Sehr plausibel vermutet
übrigens Dillmann, dass ein Teil der Rede Judas von R in V. 26
nachgebracht sei.

dem Joseph sein Kleid aus — das Aermelkleid, das er anhatte — ²⁴ packten ihn und warfen ihn in die Zisterne; die Zisterne aber war leer und kein Wasser darin. ²⁵ *Als sie sich nun hingesetzt hatten, um ihre Mahlzeit zu halten, da gewahrten sie eine Karavane von Jischma'elitern, die eben aus Gil'ad herüberkam; deren Kamele waren beladen mit Tragakanth, Balsam und Ladanum; damit waren sie unterwegs nach Egypten.* ²⁶ *Da sprach Jehuda zu seinen Brüdern: "Was hätten wir davon, wenn wir unsern Bruder umbrächten und den Mord verheimlichten!* ²⁷ *Kommt wir wollen ihn an die Jischma'eliter verkaufen, nicht aber Hand an ihn legen; denn er ist unser Bruder, unser eigenes Fleisch und Blut." — Seine Brüder waren einverstanden,* ²⁸ es kamen aber midjanitische Händler vorüber; die zogen [Joseph aus der Zisterne] heraus *und sie holten Joseph herauf aus der Zisterne und verkauften Joseph für zwanzig Silberstücke an die Jischma'eliter,* und führten Joseph fort nach Egypten. ²⁹ Als nun Re'uben wieder zur Zisterne kam und Joseph nicht mehr in der Zisterne fand, da zerriss er seine Kleider, ³⁰ kehrte wieder zurück zu seinen Brüdern und rief: "Der Knabe ist nicht mehr da! Wo soll ich nun hin!" ³¹ *Hierauf nahmen sie das Kleid Josephs,* sodann schlachteten sie einen Ziegenbock und tauchten den Rock ins Blut. ³² Dann schickten sie *das Aermelkleid, brachten es ihrem Vater und gaben vor: "Dies haben wir gefunden — sieh doch zu, ob es der Rock deines Sohnes ist, oder nicht!"* ³³ *Und da er ihn näher angesehen hatte, schrie er: "Der Rock meines Sohnes! ein reissendes Tier hat ihn gefressen! ja, ja, zerrissen ist Joseph!"* ³⁴ Da zerriss Ja'qob seine Kleider, legte ein Trauergewand um seine Hüften und trauerte um seinen Sohn lange, lange Zeit. ³⁵ *Und ob auch alle seine Söhne und Töchter ihn zu trösten suchten, so wollte er sich doch nicht trösten lassen, sondern sprach: "Trauernd werde ich zu meinem Sohne hinabsteigen in die Unterwelt;" so beweinte ihn sein Vater. —* ³⁶ Die Midjaniter aber verkauften ihn nach Egypten an Potiphar, einen Eunuchen des Pharao, den Anführer der Leibwächter.

38 ¹ *Um dieselbe Zeit trug es sich zu, dass Jehuda seine Brüder verliess und sich an einen Einwohner von 'Adullam,*

namens Chira anschloss. ² *Daselbst erblickte Jehuda die Tochter eines Kena'aniters, namens Schu'a; die nahm er zum Weibe und wohnte ihr bei.* ³ *Da wurde sie schwanger und gebar einen Sohn; den nannte sie* [176]*) 'Er.* ⁴ *Hierauf wurde sie abermals schwanger und gebar einen Sohn; den nannte sie Onan.* ⁵ *Sodann gebar sie noch einen Sohn; den nannte sie Schela, und zwar befand sie sich* [177]*) zu Kezib, als sie ihn gebar.* ⁶ *Jehuda aber freite für 'Er, seinen erstgeborenen Sohn, ein Weib namens Tamar.* ⁷ *Nun machte sich aber 'Er, der Erstgeborene Jehudas, Jahve missfällig; daher liess ihn Jahve sterben.* ⁸ *Da gebot Jehuda dem Onan: „Begib dich zum Weibe deines Bruders und leiste ihr die Schwagerpflicht, damit du deinem Bruder Nachkommen schaffst."* ⁹ *Da aber Onan wusste, dass die Kinder nicht ihm gehören sollten, so liess er es, so oft er dem Weibe seines Bruders beiwohnte, daneben fallen, um seinem Bruder nicht Nachkommen zu verschaffen.* ¹⁰ *Solches Thun aber missfiel Jahve; daher liess er auch ihn sterben.* ¹¹ *Da gebot Jehuda seiner Schwiegertochter Tamar: „Bleibe [vorläufig] Witwe und wohne im Hause deines Vaters, bis mein Sohn Schela herangewachsen ist;" er fürchtete nämlich, es könne auch dieser sterben, wie seine Brüder. Da ging Tamar hin und blieb im Hause ihres Vaters wohnen.* ¹² *Als nun eine ziemlich lange Zeit verstrichen war, starb die Tochter Schu'as, das Weib Jehudas. Nachdem Jehuda ausgetrauert hatte, begab er sich mit seinem Freunde, dem 'Adullamiter Chira, nach Timna hinauf, um nach seinen Scherern zu sehen.* ¹³ *Als nun Tamar berichtet ward: eben kommt dein Schwiegervater herauf nach Timna zur Schafschur;* ¹⁴ *da legte sie ihre Witwenkleider ab, bedeckte sich mit dem Schleier, vermummte sich und setzte sich [an die Strasse], da, wo es nach 'Enajim hineingeht, an dem Wege, der nach Timna führt; denn sie hatte wohl bemerkt, dass Schela herangewachsen war, und doch war sie ihm nicht zum Weibe gegeben worden.* ¹⁵ *Als aber Jehuda sie erblickte, hielt er sie für eine Buhldirne; denn sie hatte ihr Gesicht verhüllt.* ¹⁶ *Daher bog er zu ihr ab auf*

---

176) Nach der LA ותקרא mit Sam. und Targ. Jon.
177) Nach der LA והיא (vergl. LXX).

den [Seiten-] Weg und sprach: „Lass mich dir beiwohnen!" denn er wusste nicht, dass es seine Schwiegertochter war. Sie erwiderte: „Was gibst du mir dafür, dass du mir beiwohnen darfst?" ¹⁷ Er antwortete: „Ich werde dir ein Ziegenböckchen von meiner Herde schicken." Sie sprach: „Wenn du mir so lange ein Pfand lässest, bis du es schicken wirst!" ¹⁸ Da fragte er: „Was für ein Pfand soll ich dir geben?" Sie erwiderte: „Deinen Siegelring, deine Schnur und den Stab, den du in der Hand hast." Da gab er es ihr und wohnte ihr bei, so dass sie von ihm schwanger wurde. ¹⁹ Hierauf ging sie von dannen, legte ihren Schleier ab und zog wieder ihre Witwenkleider an. ²⁰ Jehuda aber schickte das Ziegenböckchen durch seinen Freund, den 'Adullamiter, um dagegen das Pfand von dem Weibe in Empfang zu nehmen; aber er fand sie nicht. ²¹ Da fragte er die Leute jenes Ortes: „Wo ist die Qedescha, die hier bei 'Enajim am Wege sass?" Sie antworteten: „Hier ist keine Qedescha gewesen." ²² Da kehrte er zu Jehuda zurück und berichtete: „Ich habe sie nicht gefunden, und die Leute dort haben behauptet: Hier ist keine Qedescha gewesen." ²³ Jehuda erwiderte: „Mag sie es behalten, wenn wir nur nicht zum Gespött werden! Ich habe [ihr] richtig das Böckchen geschickt; du konntest sie aber nicht auffinden." ²⁴ Nach Verlauf von ungefähr drei Monaten aber wurde Jehuda berichtet: „Deine Schwiegertochter Tamar hat gehurt und ist richtig dadurch schwanger geworden." Da gebot Jehuda: „Führt sie hinaus, dass sie verbrannt werde!" ²⁵ Schon wurde sie hinausgeführt, da schickte sie an ihren Schwiegervater Botschaft des Inhalts: „Von dem Manne, dem diese Gegenstände da gehören, bin ich schwanger!" und liess ihm sagen: „Sieh doch zu, wem der Siegelring, die Schnüre und der Stab da gehören!" ²⁶ Und als Jehuda sie näher betrachtet hatte, rief er: „Sie ist in ihrem Rechte gegen mich; warum habe ich sie auch meinem Sohne Schela nicht zum Weibe gegeben!" Er hatte aber fortan keinen Umgang mehr mit ihr. ²⁷ Als nun ihre Zeit gekommen war, dass sie gebären sollte, da befand sich, dass Zwillinge in ihrem Leibe waren. ²⁸ Und es trug sich zu während der Geburt, da streckte einer eine Hand vor. Da nahm die Geburtshelferin einen roten Faden und band ihm denselben um die

Hand, um so festzustellen: dieser ist zuerst herausgekommen.
*²⁹ Er zog jedoch seine Hand wieder zurück und nun kam sein Bruder zum Vorschein. Da rief sie: „Was hast du für einen Riss für dich gemacht!" Daher nannte sie*¹⁷⁸*) ihn Peres.*
³⁰ Darnach kam sein Bruder zum Vorschein, an dessen Hand der rote Faden war; daher nannte sie ihn Zerach.

¹ *Als nun Joseph nach Egypten gebracht worden war,* 39 *kaufte ihn* Potiphar, ein Eunuch des Pharao, der Oberste der Leibwächter, *ein Egypter von den Jischma'elitern, die ihn dorthin gebracht hatten.* ² *Jahve aber war mit Joseph,* **so dass ihm alles gelang,** *und zwar hatte er seinen Aufenthalt im Hause seines Herrn, des Egypters.* ³ *Als nun sein Herr wahrnahm, dass Jahve mit ihm sei und alles gelingen liess, was er unternahm,* ⁴ *da kam Joseph in grosse Gunst bei ihm,* **und er bediente ihn persönlich,** *und er machte ihn zum Aufseher über sein Hauswesen und vertraute ihm sein gesamtes Eigentum an.* ⁵ *Und von der Zeit an, wo er ihn zum Aufseher über sein Hauswesen und sein gesamtes Eigentum bestellt hatte, segnete Jahve das Haus des Egypters um Josephs willen, und der Segen Jahves ruhte auf allem, was ihm gehörte, im Hause und ausserhalb desselben.* ⁶ **Und er überliess Joseph sein gesamtes Eigentum und kümmerte sich neben ihm um gar nichts, nur dass er ass und trank.**
Joseph aber war schön von Gestalt und schön von Antlitz. ⁷ *Nach einiger Zeit nun warf das Weib seines Herrn ihre Augen auf Joseph und begehrte [von ihm]: „Schlafe bei mir!"* ⁸ *Er weigerte sich jedoch und erwiderte dem Weibe: „Bedenke, mein Herr bekümmert sich neben mir um nichts im Hause und hat mir alle seine Habe anvertraut.* ⁹ *Er hat in diesem Hause nicht mehr Macht, als ich, und hat mir gar nichts vorenthalten ausgenommen dich, da du sein Weib bist. Wie sollte ich nun dieses schwere Unrecht begehen und mich wider Gott versündigen?"* ¹⁰ *Und obgleich sie Tag für Tag auf Joseph einredete, war er ihr doch nicht zu Willen, dass er sich zu ihr gelegt* Umgang mit ihr gepflogen *hätte.* ¹¹ *Eines Tages aber trug es sich zu, dass er ins Innere des Hauses kam, um seinen*

---

178) Nach der LA ותקרא mit Sam. und Syr.; ebenso V. 30.

Geschäften obzuliegen, während gerade niemand von den Hausangehörigen drinnen anwesend war. ¹² *Da ergriff sie ihn beim Gewand und verlangte: „Schlafe bei mir!" Er aber liess sein Gewand in ihren Händen, ergriff die Flucht und stürzte hinaus.* ¹³ *Als sie nun gewahrte, dass er sein Gewand in ihren Händen gelassen hatte und entflohen war,* ¹⁴ *da rief sie die Hausangehörigen herbei und sprach zu ihnen: „Ei, seht doch, hat er uns da einen hebräischen Sklaven hergebracht, dass er seinen Mutwillen mit uns treibe! Er kam zu mir und wollte bei mir liegen; da aber schrie ich laut.* ¹⁵ *Als er aber hörte, dass ich ein lautes Geschrei erhob, da liess er sein Gewand bei mir zurück, ergriff die Flucht und stürzte hinaus."* ¹⁶ *Hierauf legte sie sein Gewand neben sich [und wartete], bis sein Herr heimkam.* ¹⁷ *Sodann berichtete sie ihm ganz ebenso: „Kommt da der hebräische Sklave, den du uns hergebracht hast, zu mir herein, um seinen Mutwillen mit mir zu treiben!* ¹⁸ *Als ich aber ein lautes Geschrei erhob, liess er sein Gewand bei mir zurück und entfloh."* ¹⁹ *Als nun sein Herr vernahm, was ihm sein Weib berichtete, indem sie erzählte: „So und so hat dein Sklave gegen mich gehandelt", da wurde er sehr zornig.* ²⁰ *Und der Herr Josephs liess ihn ergreifen und ins Gefängnis werfen,* dahin, wo die königlichen Gefangenen gefangen gehalten wurden, *und so lag er dort im Gefängnis.* ²¹ *Aber Jahve war mit Joseph und machte ihm die Herzen zugeneigt und bewirkte, dass er bei dem obersten Aufseher über das Gefängnis in Gunst kam.* ²² *Und der oberste Aufseher über das Gefängnis vertraute alle Gefangenen, die sich im Gefängnis befanden, Joseph an, und alles, was man dort that, geschah nach seiner Anordnung.* ²³ *Der oberste Aufseher über das Gefängnis kümmerte sich um gar nichts, was durch ihn geschah, da Jahve mit ihm war; was er auch unternahm, das liess Jahve wohlgelingen.*

40 ¹ **Einige Zeit danach aber** *vergingen sich der Mundschenk des Königs von Egypten und der Bäcker gegen ihren Herrn, den König von Egypten,* ² **da wurde der Pharao zornig über seine beiden Eunuchen, den Obermundschenk und den Oberbäcker,** ³ **und liess sie in Gewahrsam legen in das Haus des Obersten der Leibwächter,** *ins Gefängnis, dahin, woselbst Joseph gefangen sass.* ⁴ **Und der Oberste der Leibwächter ge-**

sollte ihnen Joseph zu, damit er sie bediene, und so waren sie längere Zeit im Gewahrsam. ⁵ Da hatten sie beide in einer und derselben Nacht einen Traum und zwar jeder einen Traum von besonderer Bedeutung, *der Mundschenk und der Bäcker des Königs von Egypten, die im Gefängnis sassen.* ⁶ **Als nun Joseph des Morgens zu ihnen hineinkam, merkte er ihnen an, dass sie verstimmt waren;** ⁷ **da fragte er die Eunuchen des Pharao, die mit ihm im Gewahrsam waren im Hause seines Herrn: „Warum macht ihr denn heute ein so böses Gesicht?"** ⁸ **Sie erwiderten ihm: „Wir haben einen Traum gehabt, und nun ist niemand da, der ihn deuten könnte." Da sprach Joseph zu ihnen: „[Die Gabe der] Traumdeutung hängt von Gott ab — erzählt mir einmal!"** ⁹ **Da erzählte der Obermundschenk dem Joseph seinen Traum und sprach: „Mir war's im Traum, als stehe ein Weinstock vor mir.** ¹⁰ **An diesem Weinstock waren drei Zweige, und als er nun zu treiben begann, da kamen [alsbald auch] Blüten zum Vorschein, und seine Kämme trugen [alsbald] reife Trauben.** ¹¹ **Ich aber hielt den Becher des Pharao in der Hand. Hierauf nahm ich die Trauben, drückte sie aus in den Becher des Pharao und gab sodann dem Pharao den Becher in die Hand."** ¹² **Da erwiderte ihm Joseph: „Folgendes ist die Deutung des Traumes: die drei Zweige bedeuten drei Tage;** ¹³ **in drei Tagen von heute ab wird dich der Pharao emporziehen und dich auf deinen Posten zurückversetzen. Dann wirst du dem Pharao seinen Becher reichen ganz so wie früher, als du sein Mundschenk warst.** ¹⁴ **Aber — denke an mich, wenn es dir wohlgeht, und thu mir die Liebe an und lege für mich ein gutes Wort ein bei dem Pharao, damit du mich aus diesem Hause befreist!** ¹⁵ **Denn ich bin schmählich geraubt aus dem Lande der Hebräer,** *und auch hier habe ich es mit nichts verschuldet, dass sie mich ins Gefängnis geworfen haben."* ¹⁶ **Als nun der Oberbäcker vernahm, dass er [jenem] eine erfreuliche Deutung gab, da sprach er zu Joseph: „In meinem Traume war es mir, als trüge ich drei Körbe mit Backwerk auf dem Haupte.** ¹⁷ **Im obersten Korb befand sich allerlei Essware für den Pharao, wie sie der Bäcker macht; aber die Vögel frassen sie weg aus dem Korb auf meinem Haupte."** ¹⁸ **Da** antwortete Joseph und sprach: „Folgendes ist die Deutung des Traumes: die drei Körbe bedeuten drei Tage; [19] in drei Tagen von heute ab wird dich der Pharao emporziehen und an den Galgen hängen [179]) lassen; da werden dann die Vögel dein Fleisch wegfressen." [20] Drei Tage darauf aber war der Geburtstag des Pharao, — da veranstaltete er ein Gastmahl für alle seine Untergebenen. Da zog er den Obermundschenk und den Oberbäcker empor [180]) im Beisein seiner Untergebenen; [21] den Obermundschenk setzte er wieder in sein Schenkamt ein, so dass er dem Pharao [wieder] den Becher reichen durfte; [22] den Oberbäcker aber liess er hängen, wie ihnen Joseph vorhergesagt hatte. [23] Der Obermundschenk jedoch dachte nicht mehr an Joseph, sondern vergass ihn.

41 [1] Zwei [181]) Jahre darauf träumte einmal dem Pharao und zwar, er stehe am Nil; [2] aus dem Nil aber stiegen sieben Kühe herauf von stattlichem Aussehen und dick und fett; die weideten im Riedgras. [3] Darnach aber stiegen sieben andere Kühe aus dem Nil herauf, von hässlichem Aussehen und mageren Leibes, die stellten sich neben die [ersten] Kühe, am Ufer des Nil. [4] Hierauf frassen die hässlich aussehenden und mageren Kühe die sieben schönen und fetten Kühe — da erwachte der Pharao. [5] Als er wieder eingeschlafen war, träumte ihm abermals und zwar, es wüchsen sieben Aehren an einem Halme, dick und schön. [6] Darnach aber sprossten sieben dürre und vom Ostwind versengte Aehren auf; [7] diese

---

179) Richtiger vielleicht „an einen Pfahl hängen" (spiessen?).

180) Um des Wortspiels willen ist hier, wie V. 13 und 19, וישׂא ראשׁ mit demselben Verbum wiedergegeben, obschon hier weniger verständlich.

181) Kap. 41 ist fast ausnahmslos E zugewiesen, obschon wir für die Spuren von Ueberfüllung (z. B. v. 48), Parallelausdrücken (z. B. תאר v. 18 neben מראה v. 2 ff.) und eigentlichen Dubletten (z. B. 30 b und 31, 40 und 44 etc.) nicht blind sind. Aber die definitive Ausscheidung der J oder gar Q angehörigen Bestandteile ist unmöglich, und in einigen Fällen ist uns sehr zweifelhaft geworden, ob nicht das Urteil der Kritiker darüber, was in einer und derselben Quelle neben einander habe stehen können, auf recht modernen Ansichten über guten Stil beruht.

dürren Aehren verschlangen die sieben dicken und vollen Aehren. Da erwachte der Pharao und merkte, dass er geträumt habe. ⁸ Frühmorgens aber liess es ihm keine Ruhe, da sandte er aus und liess alle Schriftkundigen und Weisen Egyptens herbeirufen: denen erzählte der Pharao seine Träume ¹⁸²). Aber da war keiner, der sie dem Pharao deuten konnte. ⁹ Da nahm der Obermundschenk das Wort und sprach zum Pharao: „Ich muss heute auf meine Verschuldung zurückkommen. ¹⁰ Der Pharao war zornig auf seine Diener und liess sie ¹⁸³) ins Haus des Obersten der Leibwächter gefangen setzen, mich und den Oberbäcker. ¹¹ Da hatten wir beide in einer und derselben Nacht einen Traum, und zwar jeder einen Traum von besonderer Bedeutung. ¹² Nun war da bei uns ein hebräischer Sklave, ein Sklave des Obersten der Leibwächter, dem erzählten wir unsere Träume und er deutete sie uns, ganz, was eines jeden Traum bedeutete. ¹³ Und wie er uns vorhergesagt, so ists geschehen: mich hat man wieder auf meinen Posten gesetzt und ihn hat man gehenkt." ¹⁴ Da sandte der Pharao hin und liess Joseph rufen. Da liessen sie ihn schleunigst heraus aus dem Gefängnis, und er liess sich scheren ¹⁸⁴), wechselte seine Kleider und begab sich hinein zu Pharao. ¹⁵ Da sprach der Pharao zu Joseph: „Ich habe einen Traum gehabt, und es ist niemand da, der ihn zu deuten vermöchte. Nun habe ich aber von dir gehört: du brauchst einen Traum nur zu hören, um ihn alsbald zu deuten." ¹⁶ Da erwiderte Joseph dem Pharao: „O nein, ich nicht; aber Gott wird hoffentlich etwas offenbaren, was dem Pharao zum Heil gereicht. ¹⁷ Da erzählte der Pharao dem Joseph: „Mir träumte, ich stehe am Ufer des Nil. ¹⁸ Da stiegen aus dem Nil sieben Kühe herauf, dick und fett und von stattlichem Aussehen, und weideten im Riedgras. ¹⁹ Darnach aber stiegen sieben andere Kühe herauf, elend und überaus hässlich anzu-

---

182) Nach der LA. חלמי mit Sam., wofür auch אותם spricht.
183) Nach der LA. אתם mit LXX und Sam.
184) Unter Voraussetzung der Aussprache als Niph., obschon dieses sonst nicht zu belegen; nach dem Pi'el wäre את־ראשו oder dergl. nicht zu entbehren.

sehen und mageren Leibes — nie habe ich in Egypten so etwas hässliches gesehen wie sie! ³⁰ Hierauf frassen die mageren und hässlichen Kühe die sieben ersten, die fetten Kühe. ³¹ Aber auch als sie sie hineingefressen hatten, merkte man nichts davon, dass sie sie gefressen hatten, vielmehr war ihr Aussehen hässlich wie zuvor. Da erwachte ich. ³² Weiter aber sah ich im Traum sieben Aehren an einem Halme wachsen, die waren voll und schön. ³³ Darnach aber sprossten sieben taube, dürre, vom Ostwind versengte Aehren auf, ³⁴ und die dürren Aehren verschlangen die sieben schönen Aehren. Das erzählte ich den Schriftkundigen, aber keiner konnte mir Bescheid geben." ³⁵ Da antwortete Joseph dem Pharao: „Die Träume des Pharao sind gleichbedeutend; Gott hat [damit] dem Pharao vorausverkündigt, was er demnächst thun wird. ³⁶ Die sieben schönen Kühe bedeuten sieben Jahre, und die sieben schönen Aehren bedeuten [gleichfalls] sieben Jahre — beide Träume sind gleichbedeutend. ³⁷ Und die sieben mageren und hässlichen Kühe, die darnach herausstiegen, bedeuten sieben Jahre, und die sieben leeren, vom Ostwind versengten Aehren sind, wie sich zeigen wird, sieben Hungerjahre. ³⁸ Deshalb habe ich vorhin zu dem Pharao gesagt: Was Gott zu thun vorhat, hat er dem Pharao gezeigt. ³⁹ Es kommen jetzt sieben Jahre, da wird grosser Ueberfluss in ganz Egypten herrschen. ³⁰ Darnach aber werden sieben Hungerjahre eintreten, so dass ganz in Vergessenheit geraten wird, welcher Ueberfluss [vorher] in Egypten herrschte, und der Hunger wird das Land aufreiben; ³¹ und man wird nichts mehr wissen, von dem Ueberfluss im Lande infolge dieser Hungersnot, die hinterdrein kommt, denn sie wird überaus drückend sein. ³² Und was das betrifft, dass dem Pharao zweimal nacheinander träumte, [so gilt]: die Sache ist fest beschlossen bei Gott, und Gott wird sie eilends ins Werk setzen. ³³ So wolle denn der Pharao einen klugen und weisen Mann ersehen, dass er ihm Egypten unterstelle. ³⁴ Und der Pharao wolle ... und bestelle Aufseher über das Land, um während der sieben Jahre des Ueberflusses den Fünften von Egypten erheben zu lassen. ³⁵ Und zwar soll man den gesamten Ernteertrag der nun kommenden guten Jahre ansammeln und Getreide aufspeichern zur Verfügung des Pharao [und soll den] Ernteertrag in die Städte [legen] und aufbewahren. ³⁶ Dieser Vorrat soll dem Lande als ein Rückhalt dienen für die sieben Hungerjahre, die über Egypten kommen werden; so wird das Land nicht zu Grunde gehen ob der Hungersnot." ³⁷ Dieser Vorschlag fand Beifall bei dem Pharao und allen seinen Untergebenen. ³⁸ Da sprach der Pharao zu seinen Untergebenen: „Könnten wir wohl einen finden, in dem der Geist Gottes ist, wie in ihm?" ³⁹ Sodann sprach der Pharao zu Joseph: „Nachdem dir Gott dieses alles offenbart hat, gibt es niemand, der so klug und weise wäre, wie du. ⁴⁰ Du sollst meinem Hause vorstehen, und deinem Befehle soll sich mein gesamtes Volk fügen — nur den Besitz des Thrones will ich vor dir voraus haben." ⁴¹ *Da sprach der Pharao zu Joseph: „Wohlan, ich setze dich über ganz Egypten."* ⁴² Hierauf zog der Pharao seinen Siegelring von seiner Hand ab und steckte ihn Joseph an; sodann liess er ihn mit Byssusgewändern bekleiden und legte ihm die goldene Kette um den Hals. ⁴³ Hierauf liess er ihn auf dem Staatswagen fahren, der im Range dem seinigen folgte, und man rief vor ihm aus: Abrekh! So setzte er ihn über ganz Egypten. ⁴⁴ Und der Pharao sprach zu Joseph: „Ich bin der Pharao — aber ohne deinen Willen soll niemand Hand oder Fuss regen in ganz Egypten." ⁴⁵ Und der Pharao legte Joseph den Namen Saphenat Pa'neach bei und gab ihm Asenat, die Tochter Poti-phera's, des Oberpriesters von On, zum Weibe; und Joseph ... über Egypten. ⁴⁶ Dreißig Jahre war Joseph alt, als er vor Pharao, dem König von Egypten, stand. ⁴⁷ Darnach begab sich Joseph hinweg von dem Pharao und durchzog ganz Egypten. ⁴⁸ Das Land aber gab in den sieben Jahren des Ueberflusses haufenweisen Ertrag. Da sammelte er den gesamten Ernteertrag der sieben Jahre, während welcher in Egypten Ueberfluss herrschte ¹⁸⁵), und legte Vorrat in die Städte; in einer jeden Stadt speicherte er den Ertrag der Felder auf, die rings um sie her lagen. ⁴⁹ So häufte Joseph Getreide auf, *wie Sand am Meer, in ungeheuren Massen,* bis er davon abstand, es zu berechnen, denn es war uner-

---

185) Nach der LA. השנים אשר היה השבע mit LXX und Sam.

messlich. ⁵⁰ Und Joseph wurden zwei Söhne geboren, ehe das [erste] Hungerjahr anbrach; die gebar ihm Aſenat, die Tochter Poti-phera's, des Oberprieſters von On. ⁵¹ Den Erstgeborenen nannte Joseph Menasche, „denn [sprach er] Elohim hat mich alle meine Not und meine gesamte Familie vergessen lassen!" ⁵² Den zweiten aber nannte er Ephrajim, „denn [sprach er] Elohim hat mich fruchtbar sein lassen im Lande meiner Trübsal." ⁵³ Als nun die sieben Jahre des Ueberflusses in Egypten vorüber waren, ⁵⁴ da brachen die sieben Hungerjahre an, wie Joseph vorhergesagt hatte. Und zwar kam eine Hungersnot über alle Länder; aber in ganz Egypten gab es Brot. ⁵⁵ Als nun ganz Egypten die Hungersnot empfand, da forderte das Volk ungestüm Brot vom Pharao. Da sprach der Pharao zu allen Egyptern: „Geht hin zu Joseph; was er euch gebieten wird, das thut!" ⁵⁶ Es lastete aber die Hungersnot auf aller Welt. Da eröffnete Joseph alle Kornspeicher ¹⁸⁶) und verkaufte den Egyptern Getreide. Und die Hungersnot wurde immer drückender in Egypten. ⁵⁷ Da kam alle Welt zu Joseph nach Egypten, um Getreide zu kaufen; denn überall herrschte drückende Hungersnot.

42 ¹ Als nun Ja'qob vernahm, dass es in Egypten Getreide gebe, da sprach Ja'qob zu seinen Söhnen: „Was zaudert ihr?" ² *Da sprach er: „Ich höre mit Bestimmtheit, dass es in Egypten Getreide gibt.* Zieht hin und holt uns von dort Getreide, damit wir am Leben bleiben und nicht sterben." ³ Da zogen zehn von den Brüdern Josephs hin, um Getreide aus Egypten zu holen. ⁴ Binjamin aber, den [leiblichen] Bruder Josephs, liess Ja'qob nicht mit seinen Brüdern ziehen; *denn er trug Sorge, es möchte ihm ein Unfall zustossen.* ⁵ *Da kamen unter denen, die hinströmten, [auch] die Söhne Jisraels hin, um Getreide zu kaufen; denn in Kena'an herrschte Hungersnot.* ⁶ *Und Joseph,* der da Machthaber war im Lande, *der verkaufte aller Welt Getreide. Als nun die Brüder Josephs hereinkamen und sich tief vor ihm verneigten,* ⁷ da erkannte Joseph seine Brüder,

---

186) Dass in dem sinnlosen אשר ברם irgend ein Subst. von der oben vorausgesetzten Bedeutung steckt, ist zweifellos; welches, mag dahingestellt bleiben.

sobald er ihrer ansichtig wurde. Aber er stellte sich fremd gegen sie und er ließ fie hart an [187]) *und fragte sie: „Woher kommt ihr?" Sie antworteten: „Aus Kena'an, um Getreide zu kaufen."* ⁸ Und Joseph erkannte seine Brüder; sie aber erkannten ihn nicht. ⁹ Da musste Joseph an die Träume denken, die er in bezug auf sie gehabt hatte. Und er [liess sie hart an und] sprach zu ihnen: „Ihr seid Spione! Ihr seid nur hergekommen, um zu erspähen, wo das Land eine schwache Stelle hat." ¹⁰ Sie antworteten ihm: „O nein, Herr! deine Sklaven sind hergekommen, um Mundvorrat zu kaufen. ¹¹ Wir alle sind Söhne e i n e s Mannes, wir sind ehrliche Leute; deine Sklaven sind keine Spione." ¹² Er erwiderte ihnen: „Nichts da! Ihr seid gekommen, um zu erspähen, wo das Land eine schwache Stelle hat." ¹³ Sie antworteten: „Unser zwölf sind deine Sklaven, lauter Brüder [188]), Söhne e i n e s Mannes in Kena'an; der Jüngste ist gegenwärtig noch bei unserem Vater, und einer ist verschwunden." ¹⁴ Joseph erwiderte ihnen: „Es ist so, wie ich euch gesagt habe: Spione seid ihr! ¹⁵ Damit sollt ihr euch ausweisen: so wahr der Pharao lebt, ihr sollt nicht eher von hier wegziehen, bis euer jüngster Bruder hierher gekommen ist. ¹⁶ Schickt einen von euch hin, dass er euren Bruder hole; ihr aber müsst gefangen bleiben. So sollen eure Aussagen geprüft werden, ob ihr mit der Wahrheit umgeht oder nicht. So wahr der Pharao lebt — ihr seid doch Spione!" ¹⁷ Hierauf liess er sie drei Tage gefangen setzen. ¹⁸ Am dritten Tage aber eröffnete ihnen Joseph: „Folgendes müsst ihr thun, um am Leben zu bleiben — denn ich bin ein gottesfürchtiger Mann. ¹⁹ Wenn ihr ehrliche Leute seid, so mag einer von euch Brüdern als Gefangener zurückbleiben, da wo ihr in Gewahrsam lagt; ihr andern aber zieht hin und schaffet das Getreide hin, dessen ihr für eure Familien bedürft. ²⁰ Euren jüngsten Bruder aber müsst ihr mir herbringen; so wer-

---

187) וידבר אתם קשות ist von R, wie Dillmann richtig erkannt hat, aus dem Text des E (daher wir V. 9 die Worte an der rechten Stelle wiederholt haben) heraufgenommen.

188) Die Uebersetzung folgt der Emendation Olshausens, welcher אנחנו als unrichtige Zuthat streicht.

den sich eure Aussagen bewahrheiten, und ihr werdet dem Tode entgehen." Und ſie thaten alſo ¹⁸⁹). ²¹ Da sprachen sie einer zum andern: „Wahrlich, das haben wir an unserem Bruder verschuldet: denn wir sahen seine Angst, wie er uns anflehte; aber wir blieben taub! Zur Strafe sind nun diese Aengste über uns gekommen." ²² Re'uben aber sprach zu ihnen: „Habe ich euch nicht gesagt: versündigt euch nicht an dem Kinde! Aber ihr wolltet nicht hören — da habt ihrs nun, dass für sein Blut Rechenschaft gefordert wird!" ²³ Sie wussten aber nicht, dass Joseph sie verstand; denn sie verkehrten durch einen Dolmetscher. ²⁴ Da wendete er sich abseits, um zu weinen, kehrte dann wieder zu ihnen zurück und redete mit ihnen; den Schim'on aber liess er aus ihrer Mitte greifen und vor ihren Augen fesseln. ²⁵ Sodann gab Joseph Befehl, ihre Säcke mit Getreide zu füllen, [dabei] aber einem jeden sein Geld wieder in seinen Sack zu thun, auch ihnen Zehrung mit auf den Weg zu geben. Nachdem man sie demgemäss versorgt, ²⁶ luden sie ihr Getreide auf ihre Esel und zogen von dannen. ²⁷ *Als aber einer von ihnen im Nachtquartier seinen Sack* ¹⁹⁰) *öffnete, um seinem Esel Futter zu geben, da sah er sein Geld in seinem Getreidesack oben auf liegen.* ²⁸ Da berichtete er seinen Brüdern: „Mein Geld ist wieder da, hier liegt es in meinem Getreidesack!" Da entsank ihnen der Mut, und bebend sahen sie einander an und riefen: „Was hat uns da Elohim angethan ¹⁹¹)!"

²⁹ Als sie nun zu ihrem Vater Ja'qob nach Kena'an zurückgekehrt waren, berichteten sie ihm alles, was ihnen begegnet war und sprachen: ³⁰ „Er, der Herr des Landes, liess uns hart an und beschuldigte uns ¹⁹²), wir wollten das Land aus-

---

189) ויאסר־כן unterbricht in störendster Weise den Text des E und ist wohl fälschlich aus dem Schluss von V. 25 (wo der Text jetzt verderbt scheint) hierher geraten.

190) שק von R für אמתחת eingesetzt, welches letztere überall (V. 27. 28; 43, 21) bei J.

191) לאמר וג׳ ist, wie אלהים zeigt, von R aus E vorausgenommen; bei letzterem müssen die Worte am Schluss von V. 35 gestanden haben.

192) „beschuldigte uns" etc. könnten die Worte allenfalls bedeuten, falls nicht mit LXX nach אתנו noch במשמר zu lesen ist.

kundschaften. **³¹** Wir versicherten ihm zwar: Wir sind ehrliche Leute; wir sind keine Spione! **³²** Wir sind unser zwölf Brüder, Söhne eines Vaters. Einer ist verschwunden, und der Jüngste ist zur Zeit bei unserem Vater in Kenaʻan. **³³** Aber der Mann, der Herr des Landes, antwortete uns: Daran will ich erkennen, dass ihr ehrliche Leute seid: lasst einen von euch Brüdern bei mir zurück! Was ihr an Getreide¹⁹³) für eure Familien bedürft, mögt ihr mitnehmen und abziehen. **³⁴** Aber bringt mir euren jüngsten Bruder her; daran will ich erkennen, dass ihr keine Spione, dass ihr ehrliche Leute seid¹⁹⁴). Alsdann will ich euch euren Bruder wiedergeben, und ihr könnt das Land frei durchziehen." **³⁵** Als sie aber ihre Säcke ausschütteten, fand sich der Geldbeutel eines jeden in seinem Sack. Und als sie samt ihrem Vater ihre Geldbeutel erblickten, da erschraken sie. **³⁶** Da sprach ihr Vater Jaʻqob zu ihnen: „Ihr beraubt mich meiner Kinder! Joseph ist verschwunden, und Schimʻon ist verschwunden und Binjamin wollt ihr [auch noch] wegnehmen — mich trifft das alles!" **³⁷** Da antwortete Reʻuben seinem Vater: „Meine beiden Söhne magst du umbringen, wenn ich dir ihn nicht zurückbringe. Vertraue mir ihn an, ich werde ihn dir zurückbringen."

³⁸ *Er antwortete: „Mein Sohn soll nicht mit euch reisen; denn sein Bruder ist tot, und er ist allein übrig; wenn ihm ein Unfall zustiesse auf dem Wege, den ihr ziehen müsst, so würdet ihr schuld daran sein, wenn ich mit meinem grauen Haar voller Jammer hinunter müsste in die Unterwelt."*

¹ *Es lastete aber die Hungersnot schwer auf dem Lande.* 43 **²** *Als sie nun das Getreide, das sie aus Egypten geholt, vollständig aufgezehrt hatten, da gebot ihnen ihr Vater: „Zieht wieder hin, etwas Getreide für uns zu kaufen." ³ Da antwortete ihm Jehuda: „Jener Mann hat uns [zu] nachdrücklich eingeschärft: Ihr dürft mir nicht vor die Augen kommen, wenn ihr nicht euren Bruder mitbringt. ⁴ Willst du uns also unseren*

---

193) Nach der LA. את־שבר רבץ (vergl. V. 19) mit LXX Onk. Syr.
194) Die Wiederholung von כי כנים אתם (vergl. V. 33) ist auffällig; ist vielleicht gegen die Accente zu übersetzen: wenn ihr ehrliche Leute seid, so werde ich euch euren Bruder etc.?

Bruder mitgeben, so wollen wir hinreisen und Getreide für dich kaufen. ⁶ Gibst du ihn uns aber nicht mit, so reisen wir nicht. Denn jener Mann hat uns angekündigt: Ihr dürft mir nicht vor die Augen kommen, wenn ihr nicht euren Bruder mitbringt." ⁶ Jisrael antwortete: „Warum habt ihr mir das zu Leide gethan und dem Manne verraten, dass ihr noch einen Bruder habt?" ⁷ Sie antworteten: „Der Mann erkundigte sich genau nach uns und unserer Familie und fragte: Ist euer Vater noch am Leben? Habt ihr noch einen Bruder? Da gaben wir ihm Bescheid, ganz wie es sich verhält. Konnten wir denn wissen, dass er nun sagen würde: Bringet euren Bruder her!" ⁸ Jehuda aber sprach zu seinem Vater Jisrael: „Gib uns den Knaben mit, so wollen wir aufbrechen und hinziehen, damit wir leben bleiben und nicht sterben, wir und du und unsere Kinder. ⁹ Ich will dir für ihn bürgen; mich sollst du für ihn verantwortlich machen. Wenn ich dir ihn nicht wiederbringe und vor Augen stelle, so will ich all' meine Lebtage schuldig vor dir dastehen. ¹⁰ Wenn wir nicht über Gebühr gezaudert hätten, so hätten wir unterdes zweimal hin und her reisen können." ¹¹ Da antwortete ihnen ihr Vater Jisrael: „Wenn es denn sein muss, so thut folgendes: nehmt in euren Säcken etwas von den Erzeugnissen des Landes mit und bringt dem Manne ein Geschenk: ein wenig Balsam und ein wenig Honig, Spezereien und Ladanum, Pistazien und Mandeln. ¹² Sodann nehmt den doppelten Betrag an Geld mit; auch das Geld, das sich wiedergefunden hat oben in euren Säcken, nehmt wieder mit — vielleicht liegt ein Irrtum vor. ¹³ Dazu nehmt auch euren Bruder hin, brecht auf und ziehet wieder hin zu dem Manne. ¹⁴ **Und El Schaddaj verleihe, dass sich der Mann barmherzig gegen euch erzeigt, dass er euren anderen Bruder wieder mit euch ziehen lässt, dazu auch Binjamin; ich aber — wenn es denn sein muss, nun so bin ich eben verwaist."** ¹⁵ Da nahmen die Männer das erwähnte Geschenk, nahmen auch den doppelten Betrag an Geld mit sich, dazu Binjamin, brachen auf, zogen nach Egypten und traten vor Joseph. ¹⁶ Als nun Joseph wahrnahm, dass Binjamin unter ihnen sei, da gebot er seinem Hausmeister: „Führe diese Männer hinein ins Haus, schlachte ein Stück Vieh und bereite ein Mahl; denn diese Männer sollen mittags mit mir essen." ¹⁷ Der Mann that, wie Joseph befohlen hatte, und der Mann führte die Männer hinein in das Haus Josephs. ¹⁸ Da fürchteten sich die Männer, dass sie ins Haus Josephs geführt wurden, und sprachen: "Wegen des Geldes, das sich bei unserer ersten Anwesenheit wieder in unsere Säcke verirrte, werden wir jetzt hineingeführt: man will sich auf uns werfen, uns überfallen und uns zu Sklaven machen, samt unseren Eseln." ¹⁹ Da traten sie an den Hausmeister Josephs heran und redeten ihn am Eingang des Hauses ²⁰ folgendermassen an: "Bitte, mein Herr! Wir sind das erste mal hierher gereist, nur um Getreide zu kaufen. ²¹ Als wir aber ins Nachtquartier gelangt waren und unsere Getreidesäcke aufbanden, da fand sich das Geld eines jeden oben in seinem Getreidesack — unser Geld nach seinem vollen Gewicht; wir haben es jetzt wieder mitgebracht. ²² Aber auch anderes Geld haben wir mitgebracht, um Getreide zu kaufen. Wir begreifen nicht, wer uns das Geld in die Getreidesäcke gelegt hat." ²³ Da antwortete er: "Beruhigt euch; seid ohne Sorge! Euer und eures Vaters Gott hat euch heimlich einen Schatz in eure Getreidesäcke gelegt. Euer Geld ist mir zugekommen. **Hierauf führte er Schim'on zu ihnen heraus.** ²⁴ Sodann brachte er die Männer ins Haus Josephs, gab ihnen Wasser, ihre Füsse zu waschen, und reichte ihren Eseln Futter. ²⁵ Da setzten sie das Geschenk in Bereitschaft [und warteten], bis Joseph mittags käme; denn sie hatten vernommen, dass sie dort das Mahl einnehmen sollten. ²⁶ Als nun Joseph ins Haus eingetreten war, brachten sie ihm das Geschenk, das sie mit sich führten, hinein und verneigten sich tief vor ihm. ²⁷ Er aber erkundigte sich nach ihrem Befinden und fragte: "Geht es eurem alten Vater, von dem ihr sprachet, wohl? Ist er noch am Leben?" ²⁸ Sie antworteten: "Es geht deinem Diener, unserem Vater, wohl; er ist noch am Leben." Dabei bückten sie sich und verneigten sich. ²⁹ Da gewahrte er Binjamin, seinen leiblichen Bruder, und fragte: "Ist das euer jüngster Bruder, von dem ihr mir sagtet?" und sprach: "Elohim segne dich, mein Sohn!" ³⁰ Dann aber brach Joseph schnell ab, denn er wurde von tiefer Rührung ergriffen, [als er so] seinem Bruder gegenüber [stand], und suchte, wie er seinen Thränen freien Lauf lassen könne.

Daher ging er hinein in das innere Gemach und weinte sich dort aus. ³¹ *Dann wusch er sich das Gesicht und kam wieder heraus, that sich Gewalt an und befahl: „Traget auf!"* ³² *Da trug man ihm besonders auf und ihnen besonders und ebenso den Egyptern, die mit ihm speisten. Die Egypter dürfen nämlich nicht mit den Hebräern zusammen speisen, denn das gilt den Egyptern als eine Verunreinigung.* ³³ *Sie kamen aber vor ihn zu sitzen — vom Aeltesten bis zum Jüngsten genau nach dem Alter geordnet; staunend sahen sie einander an.* ³⁴ *Hierauf liess er ihnen von den Gerichten vorlegen, die vor ihm standen; es war aber dessen, was man Binjamin vorlegte, fünfmal so viel, als was man allen andern vorlegte. Sodann tranken sie mit ihm und wurden guter Dinge.*

44 ¹ *Hierauf gebot er seinem Hausmeister: „Fülle den Männern ihre Säcke mit Getreide, soviel sie fortbringen können; lege aber einem jeden sein Geld obenauf in seinen Sack;* ² *und meinen silbernen Becher legst du obenauf in den Sack des Jüngsten samt dem Geld für sein Getreide." Da that jener so, wie Joseph befohlen hatte.* ³ *Als nun der Morgen angebrochen war, liess man die Männer samt ihren Eseln ziehen.* ⁴ *Eben hatten sie die Stadt verlassen und waren noch nicht weit gekommen, da befahl Joseph seinem Hausmeister: „Auf, jage den Männern nach, und wenn du sie eingeholt hast, so sprich zu ihnen: warum habt ihr Gutes mit Bösem vergolten* [195]*)?* ⁵ *Ists doch derselbe, aus dem mein Gebieter zu trinken pflegt und aus dem er wahrsagt — daran habt ihr sehr übel gethan!"* ⁶ *Als er sie nun eingeholt hatte, redete er solchergestalt mit ihnen.* ⁷ *Sie erwiderten ihm: „O Herr! warum sprichst du so? Es liegt deinen Sklaven durchaus fern, so etwas zu thun.* ⁸ *Haben wir doch das Geld* [196]*), das wir oben in unseren Säcken fanden, dir aus Kena'an wieder mitgebracht: wie sollten wir da aus dem Hause deines Gebieters Silber oder Gold stehlen?* ⁹ *Derjenige deiner Sklaven, bei dem er sich findet, der soll sterben, und wir anderen wollen dir leibeigen werden."* ¹⁰ *Er ant-*

---

195) Nach LXX (Syr. Vulg.) wären hier die Worte ausgefallen: warum habt ihr meinen silbernen Becher gestohlen?

196) Nach der LA. הכסף mit Sam. LXX.

wortete: „Gut! wie ihr sagt, soll es geschehen. Der, bei welchem er sich findet, soll mein Sklave werden; ihr aber sollt frei ausgehen." ¹¹ Da liess ein jeder schnell seinen Sack auf den Boden herab und jeder öffnete seinen Sack; ¹² er aber fing an zu suchen: bei dem Aeltesten hob er an und bei dem Jüngsten hörte er auf — da fand sich der Becher im Sack Binjamins. ¹³ Da zerrissen sie ihre Kleider, beluden ein jeder seinen Esel und kehrten wieder in die Stadt zurück. ¹⁴ Und als Jehuda mit seinen Brüdern in das Haus Josephs kam — dieser war gerade noch dort anwesend —, da warfen sie sich vor ihm nieder auf den Boden. ¹⁵ Joseph aber redete sie an: „Was habt ihr da angestellt! Bedachtet ihr denn nicht, dass ein Mann, wie ich, sich auf geheime Künste versteht!" ¹⁶ Da antwortete Jehuda ¹⁹⁷): „Was sollen wir unserem Gebieter sagen? Was sollen wir reden und wie uns rechtfertigen, nachdem ¹⁹⁸) Gott die Schuld deiner Sklaven ausfindig gemacht hat; wir gehören dir als leibeigen, wir, sowie derjenige, in dessen Besitz sich der Becher gefunden hat." ¹⁷ Er erwiderte: „Ferne sei es von mir, so zu verfahren: derjenige, in dessen Besitz sich der Becher gefunden hat, der soll mir leibeigen werden; ihr aber mögt unangefochten zu euerem Vater ziehen." ¹⁸ Da trat Jehuda zu ihm heran und sprach: „Bitte, mein Herr! Möchte doch dein Sklave ein freimütiges Wort an dich richten dürfen, ohne dass du darum deinem Sklaven zürnst — stehst du doch dem Pharao gleich. ¹⁹ Mein Gebieter fragte seine Sklaven: Habt ihr euren Vater noch oder noch einen Bruder? ²⁰ Wir antworteten dir: Unser alter Vater lebt noch und [auch] ein kleiner spätgeborener Sohn [ist vorhanden]; sein leiblicher Bruder ist tot, und so ist er allein übrig von seiner Mutter und wurde der Liebling seines Vaters. ²¹ Da befahlst du deinen Sklaven: Bringt ihn her zu mir, damit ich ihn mit Augen sehe. ²² Wir erwiderten dir: Der Knabe kann seinen Vater nicht verlassen; denn würde er seinen Vater verlassen, so würde dieser sterben. ²³ Da sprachst du zu

---

197) Alle Beachtung verdient die Bemerkung Wellhausens, dass für ויאמר יהודה, da Juda erst V. 18 herantritt, wohl ויאמרו zu lesen sei.
198) Nach der LA. והאלהים mit Sam. LXX.

deinen Sklaven: Wenn ihr euren jüngsten Bruder nicht mitbringt, so dürft ihr mir nicht mehr vor Augen kommen. ²⁴ Als wir nun zu deinem Sklaven, meinem Vater, zurückgekehrt waren, berichteten wir ihm dein Begehren. ²⁵ Als sodann unser Vater gebot: zieht wieder hin, etwas Getreide für uns zu kaufen, ²⁶ da antworteten wir: Wir können unmöglich hinziehen! Wenn unser jüngster Bruder mit uns geht, so wollen wir hinziehen; denn wir dürfen ja dem Manne nicht mehr unter die Augen kommen, wenn unser jüngster Bruder nicht bei uns ist. ²⁷ Da antwortete uns dein Sklave, mein Vater: Ihr wisst ja selbst, dass mir mein Weib [nur] zwei Söhne geboren hat. ²⁸ Der eine ging fort von mir, und ich musste mir sagen: Sicherlich ist er [von einem wilden Tier] zerrissen worden, und bis heute habe ich ihn nicht wieder gesehen. ²⁹ Wenn ihr mir nun auch diesen noch wegnehmt, und ihm ein Unglück zustossen sollte, so wäret ihr schuld daran, wenn ich mit meinem grauen Haar in schwerem Leid hinunter müsste in die Unterwelt! ³⁰ Und in der That, wenn ich jetzt zu deinem Sklaven, meinem Vater, käme, und der Knabe, an dem er doch mit ganzer Seele hängt, wäre nicht bei uns, ³¹ so würde er, sobald er gewahr würde, dass der Knabe nicht mehr bei uns ¹⁹⁹) ist, sterben, und deine Sklaven würden schuld daran sein, wenn dein Sklave, unser Vater, mit seinem grauen Haar im Kummer hinab müsste in die Unterwelt. ³² Denn der Knabe wurde deinem Sklaven von meinem Vater nur gegen Bürgschaft anvertraut auf die Versicherung hin: Wenn ich dir ihn nicht wiederbringe, so will ich mein Leben lang schuldig dastehen vor meinem Vater. ³³ Möchte somit dein Sklave an Stelle des Knaben zurückbleiben dürfen als Leibeigener meines Gebieters, der Knabe aber heimkehren dürfen mit seinen Brüdern. ³⁴ Denn wie könnte ich heimkehren zu meinem Vater, ohne dass der Knabe bei mir ist! Ich könnte den Jammer nicht mit ansehen, der über meinen Vater kommen würde!"

45 ¹ Da konnte Joseph nicht länger an sich halten, [wie er bisher] aus Rücksicht auf sein Gefolge [gethan], und rief:

---

199) Nach der LA. כי אין הנער אתנו (wie V. 30) mit LXX Sam. Syr. Vulg.

"Lasst jedermann hinausgehen!" So war niemand weiter zugegen, als sich Joseph seinen Brüdern zu erkennen gab. ³ *Da brach er in lautes Weinen aus, so dass es die Egypter hörten, so dass es der Hof des Pharao hörte.* ⁸ Da sprach Joseph zu seinen Brüdern: „Ich bin Joseph! Lebt mein Vater noch?" Aber seine Brüder vermochten ihm nicht zu antworten, so bestürzt waren sie, als sie ihm so gegenüber standen. ⁴ Da sprach Joseph zu seinen Brüdern: „Tretet her zu mir!" Und als sie herzutraten, sprach er: *„Ich bin euer Bruder Joseph, den ihr nach Egypten verkauft habt!* ⁵ *Nun aber lasst euch das nicht anfechten* und geratet nicht in Unmut darüber, *dass ihr mich hierher verkauft habt;* denn um [viele] am Leben zu erhalten, hat mich Elohim euch vorausgesandt. ⁶ Zwei Jahre lastet nun schon die Hungersnot auf dem Lande, und noch stehen fünf Jahre bevor, in denen es kein Pflügen und kein Ernten geben wird. ⁷ Elohim ²⁰⁰) aber schickte mich euch voraus, um Sorge zu tragen für den Fortbestand eures Stammes und dass [etliche] von euch am Leben blieben, [dass es] zu einer grossen Errettung [käme]. ⁸ Somit habt nicht ihr mich hierher geschickt, sondern Elohim; er machte mich zum vertrauten Ratgeber des Pharao und zum Obersten über seinen ganzen Hof und zum Gebieter über ganz Egypten. ⁹ Zieht nun eilends hin zu meinem Vater und sagt ihm: So lässt dir dein Sohn Joseph sagen: Elohim hat mich zum Herrn über ganz Egypten gemacht; komm zu mir, säume nicht! ¹⁰ *In der Provinz Goschen sollst du wohnen* und du sollst in meiner Nähe sein, samt deinen Söhnen und deinen Enkeln, deinen Schafen und Rindern und deinem ganzen Hausstand. ¹¹ Und ich werde dort für deinen Unterhalt sorgen; denn noch fünf Jahre wird die Hungersnot währen: da könntest du verarmen samt deiner Familie und deinem ganzen Hausstand. ¹² Ihr seht es ja mit leiblichen Augen, und mein Bruder Binjamin sieht es mit leiblichen Augen, dass ich in eigener

---

200) Ist der Anfang von V. 7 Dublette aus J (dann אלהים von R für יהוה eingesetzt) zu 5 b? Auch V. 7 b ist, wie Dillmann mit Recht bemerkt, überaus schwerfällig und wohl durch einen Einsatz aus J überfüllt.

Person zu euch rede. ¹³ *Meinem Vater müsst ihr ausführlich berichten über meine glänzende Stellung in Egypten und über alles, was ihr zu Gesicht bekommen habt, und müsst eilends meinen Vater hierher bringen."* ¹⁴ *Hierauf fiel er seinem Bruder Binjamin um den Hals und weinte, und auch Binjamin weinte an seinem Halse.* ¹⁵ Sodann küsste er alle seine Brüder und weinte, indem er sie umarmt hielt; darnach besprachen sich seine Brüder [zutraulich] mit ihm. ¹⁶ Und die Kunde [davon] drang an den Hof des Pharao: die Brüder Josephs sind angekommen! Und der Pharao und seine Umgebung waren erfreut darüber. ¹⁷ Da sprach der Pharao zu Joseph: „Sage deinen Brüdern: beladet also nun eure Lasttiere, zieht hin nach Kenaʻan, ¹⁸ holt euren Vater und eure Familien und kommt her zu mir, so will ich euch zur Verfügung stellen, was Egypten Gutes bietet, so sollt ihr vom Besten geniessen, was das Land erzeugt ²⁰¹). ¹⁹ Du aber bist ermächtigt ²⁰²)... thut also! Nehmt euch aus Egypten Wagen mit für eure kleinen Kinder und eure Weiber, und lasset euren Vater aufsteigen und kommt her. ²⁰ Laßt euchs aber nicht leid sein um euren Hausrat; denn was Egypten irgend Gutes bietet, das soll euer sein." ²¹ Da leisteten die Söhne Israels Folge, und Joseph gab ihnen Wagen gemäß dem Befehl des Pharao und gab ihnen [auch] Zehrung für die Reise. ²² Ihnen allen, Mann für Mann, schenkte er Ehrenkleider; dem Binjamin schenkte er 300 Silbersekel und fünf Ehrenkleider. ²³ Seinem Vater aber sandte er zehn Esel, beladen mit den besten Erzeugnissen des Landes, sowie zehn Eselinnen, beladen mit Getreide, Brot und Zehrung für seinen Vater auf die Reise. ²⁴ Alsdann verabschiedete er seine Brüder, und sie zogen ab, nachdem er sie noch ermahnt hatte: „Ereifert euch nicht unterwegs!" ²⁵ So zogen sie fort aus Egypten und gelangten nach Kenaʻan zu ihrem Vater Jaʻqob. ²⁶ Da berichteten sie ihm: „Joseph ist noch

---

201) V. 18 b ist in globo E zugeschrieben, obschon vielleicht aus J und E komponiert.

202) Dass צייתה korrumpiert ist (nach Dillmann wohl aus צַוֵּה אֹתָם) wird durch LXX Sam. nahegelegt; über die Gründe der Zuweisung von V. 19 f. und eines Teils von V. 21 an R vergl. Dillm. Gen. ⁴ p. 42.

am Leben, ja er ist sogar Gebieter über ganz Egypten." Da wurde er ganz starr, denn er konnte ihnen nicht glauben. ²⁷ Als sie ihm aber alles berichteten, was Joseph ihnen aufgetragen hatte, und als er die Wagen erblickte, die Joseph gesandt, um ihn hinzubringen, da kam wider Leben in ihren Vater Ja'qob. ²⁸ *Da sprach Jisrael: „Genug — mein Sohn Joseph ist noch am Leben. Ich will hin und ihn sehen, bevor ich sterbe."*

¹ *Da brach Jisrael auf mit seinem ganzen Hausstand* 46 und gelangte nach Be'er Scheba', da brachte er dem Gott seines Vaters Jischaq Opfer dar. ² Da rief Elohim in einem nächtlichen Gesicht Jisrael und sprach: „Ja'qob, Ja'qob!" Er antwortete: „Ich höre!" ³ Da sprach er: „Ich bin El, der Gott deines Vaters. Ziehe unbedenklich nach Egypten, denn dort will ich dich zu einem großen Volke werden laffen. ⁴ Ich selbst werde mit dir nach Egypten ziehen, und ich selbst werde dich auch wieder zurückbringen; aber Joseph soll dir die Augen zudrücken." ⁵ Da brach Ja'qob auf von Be'er Scheba', und die Söhne Jisraels hoben ihren Vater Ja'qob, ihre kleinen Kinder und ihre Frauen auf die Wagen, die der Pharao gefandt hatte, um ihn hinzubringen. ⁶ Und fie nahmen ihre Herden und ihre Fahrhabe, die fie in Kena'an erworben hatten, und gelangten nach Egypten, Ja'qob mit feiner gefamten Nachkommenschaft; — ⁷ feine Söhne und Enkel, feine Töchter und Enkelinnen und feine gefamte Nachkommenschaft brachte er mit fich nach Egypten.

⁸ Dies aber find die Namen der Nachkommen Jisraels, die [mit] nach Egypten kamen. Ja'qob und feine Nachkommen: der erftgeborene Sohn Ja'qobs Re'uben. ⁹ Die Söhne Re'ubens waren Chanokh, Pallu, Chesron und Karmi. ¹⁰ Die Söhne Schim'ons: Jemuel, Jamin, Ohad, Jakhin, Sochar und Scha'ul, der Sohn der Kena'aniterin. ¹¹ Die Söhne Levis: Gerschon, Qehat und Merari. ¹² Die Söhne Jehudas: 'Er, Onan, Schela, Peres und Zerach; 'Er und Onan jedoch ftarben in Kena'an. Die Söhne des Peres aber waren Chefron und Chamul. ¹³ Die Söhne Jiffakhars: Tola', Puvva, Job und Schimron. ¹⁴ Die Söhne Zebuluns: Sered, Elon und Jachle'el. ¹⁵ Dies find die Söhne der Lea, die fie Ja'qob in Paddan Aram gebar, famt feiner Tochter Dina, zufammen 33 Söhne und Töchter. ¹⁶ Die Söhne Gads aber waren: Saphon ²⁰³), Chaggi, Schuni und Esbon, 'Eri, Arodi und Areli. ¹⁷ Die

---

203) Nach der LA ןפצ mit LXX Sam.; vergl. Num. 26, 15.

Söhne Aschers: Jimna, Jischva, Jischvi, Beri'a, dazu ihre Schwester Serach, und die Söhne Beri'as waren Cheber und Malki'el. ¹⁸ Dies sind die Söhne der Zilpa, die Laban seiner Tochter Lea mitgab; diese gebar sie Ja'qob, [zusammen] 16 Seelen. ¹⁹ Die Söhne der Rachel, des Weibes Ja'qobs, waren Joseph und Binjamin. ²⁰ Dem Joseph aber wurden in Egypten [Söhne] geboren, die gebar ihm Asenat, die Tochter Poti-phera's, des Oberpriesters von On: Menasche und Ephrajim. ²¹ Die Söhne Binjamins aber waren Bela', Becher und Aschbel; Gera und Na'aman, Echi und Rosch, Muppim und Chuppim und Ard. ²² Dies sind die Söhne der Rachel, die sie Ja'qob gebar ²⁰⁴), zusammen 14 Seelen. ²³ Die Söhne Dans aber waren Chuschim, ²⁴ und die Söhne Naphtalis: Jachse'el, Guni, Jeser und Schillem. ²⁵ Dies sind die Söhne der Bilha, welche Laban seiner Tochter Rachel mitgab, diese gebar sie Ja'qob, zusammen sieben Seelen. ²⁶ Die Gesamtzahl der leiblichen Nachkommen Ja'qobs, die nach Egypten übersiedelten, ungerechnet die Frauen der Söhne Ja'qobs, betrug 66 Seelen. ²⁷ Die Söhne Josephs aber, die ihm in Egypten geboren wurden, waren zwei an der Zahl. Die Gesamtzahl der Angehörigen Ja'qobs, die nach Egypten gelangten, betrug [somit] 70.

²⁸ Jehuda aber sandte er voraus zu Joseph, damit er vor ihm nach Goschen...²⁰⁵). Als sie nun nach der Provinz Goschen gelangt waren, ²⁹ liess Joseph seinen Wagen anspannen und fuhr hin nach Goschen seinem Vater Jisrael entgegen. Und als er mit ihm zusammentraf, fiel er ihm um den Hals und weinte lange an seinem Halse. ³⁰ Jisrael aber sprach zu Joseph: „Nun will ich gern sterben, nachdem ich dich wiedergesehen [und mich überzeugt habe], dass du noch am Leben bist." ³¹ Da sprach Joseph zu seinen Brüdern und zu den Angehörigen seines Vaters: „Ich will hin, dem Pharao Bericht

---

204) Nach der LA ילדה mit LXX Sam.; vergl. V. 15.

205) Mit להירות ist nichts anzufangen, aber mit dem להראות bei LXX Sam. und Syr. ebensowenig; abgesehen von גשנה, welches dann unbegreiflich bleibt, kann להי׳ לפ׳ nicht heissen „damit er [Joseph] vor ihm in G. eintreffe", denn V. 29 trifft Joseph erst nach Ja'qob ein. So bliebe höchstens noch „damit er sich ihm in G. vorstelle", also לפ׳ hier räumlich, während unmittelbar vorher zeitlich. In Wahrheit dürfte J berichtet haben: Ja'qob liess Joseph durch Jehuda melden, dass er nun nach Goschen unterwegs sei (vielleicht, dass er sein Angesicht — למגיד aus את־פני verdorben — nach G. gerichtet habe).

zu erstatten, und will ihm sagen: Meine Brüder und die Angehörigen meines Vaters, die [bisher] in Kenaʻan waren, sind nun zu mir gekommen. ³² *Und zwar sind diese Leute Schafhirten* denn ſie waren Viehzüchter ²⁰⁶) *und haben ihre Schafe und Rinder und ihre ganze Habe mit hergebracht.* ³³ *Wenn euch nun der Pharao rufen lässt und fragt: Welches ist euer Beruf?* ³⁴ *so antwortet: Deine Sklaven sind Viehzüchter gewesen von Jugend auf bis heute, wir so gut wie unsere Vorfahren — damit ihr in der Provinz Goschen bleiben dürft."* Die Schafhirten sind nämlich den Egyptern ein Gegenstand des Abscheus.

¹ *Hierauf ging Joseph hin, that dem Pharao Meldung und sprach: „Mein Vater und meine Brüder sind mit ihren Schafen und Rindern und ihrer gesamten Habe aus Kenaʻan hergekommen und sind nun in der Provinz Goschen.* ² *Er hatte aber fünf aus der Zahl seiner Brüder mitgebracht* ²⁰⁷), *die stellte er dem Pharao vor.* ³ *Da fragte der Pharao die Brüder* ²⁰⁸): *„Welches ist euer Beruf?"* Sie antworteten dem Pharao: *„Schafhirten sind deine Sklaven, sowohl wir, wie schon unsere Vorfahren."* ⁴ Sie antworteten dem Pharao ²⁰⁹): *„Wir sind hergekommen, um uns eine Zeit lang hier aufzuhalten, weil es an Weide gebrach für die Schafherden, die deinen Sklaven gehören; denn die Hungersnot lastet schwer auf dem Lande Kenaʻan. Möchten also deine Sklaven in der Provinz Goschen verweilen dürfen!"* ⁵ *Da sprach der Pharao zu Joseph* ²¹⁰): ⁶ᵇ *Sie mögen in der Provinz Goschen wohnen, und wenn du findest, dass besonders geeignete Leute unter ihnen sind, so mache sie zu Oberhirten über meine Herden."* Und Jaʻqob und ſeine Söhne gelangten zu Joſeph nach Egypten. Als nun der Pharao,

---

206) Die Worte כי־אנשי מ' ה' sind aus V. 34, wo sie ihren guten Sinn haben, heraufgenommen, um die Rinder (בקרם) der „Schafhirten" begreiflich zu machen.

207) Nach der LA. לקח עמו mit Sam. LXX.

208) Urspr. Text wohl אחי יסף mit Sam. LXX Syr.

209) Wenn V. 4, wie nicht zu bezweifeln, gleichfalls J angehört, so kann ויאמרו אל־פ' nur irrig aus V. 3 b wiederholt sein.

210) Der urspr. Text von Q ist zweifellos bei den LXX erhalten und daher von uns in der dort gegebenen Reihenfolge in die Uebersetzung aufgenommen.

der König von Egypten, davon hörte, da sprach der Pharao zu Joseph: „Also dein Vater und deine Brüder sind zu dir gekommen. ⁶ Egypten steht dir zur Verfügung; laß deinen Vater und deine Brüder im fruchtbarsten Teile des Landes wohnen. ⁷ Hierauf brachte Joseph seinen Vater Ja'qob hinein und stellte ihn dem Pharao vor. Ja'qob aber begrüßte den Pharao mit einem Segenswunsch. ⁸ Da fragte der Pharao Ja'qob: „Wie viele Lebensjahre zählst du?" ⁹ Ja'qob antwortete dem Pharao: „Die Dauer meiner Wanderschaft beträgt 130 Jahre. Gering an Zahl und voller Unheil waren meine Lebensjahre und reichen nicht heran an die Lebensjahre meiner Vorfahren, die sie auf der Wanderschaft zubrachten." ¹⁰ Hierauf nahm Ja'qob mit einem Segenswunsch Abschied vom Pharao und ging vom Pharao hinweg. ¹¹ Joseph aber wies seinem Vater und seinen Brüdern Wohnsitze an und gab ihnen eigenen Besitz in Egypten, im fruchtbarsten Teile des Landes, in der Provinz Ra'meses, gemäß dem Befehl des Pharao. ¹² **Und Joseph versorgte seinen Vater und seine Brüder und die ganze Familie seines Vaters mit Brotkorn, unter Berücksichtigung der Kinderzahl.**

¹³ *Es ²¹¹) gab aber in allen Landen kein Brotkorn, denn die Hungersnot war überaus drückend, und Egypten wie Kena'an waren erschöpft in Folge der Hungersnot. ¹⁴ Schliesslich brachte Joseph alles Geld an sich, das es in Egypten und Kena'an gab, für das Getreide, das sie kaufen mussten, und Joseph lieferte das Geld ein in den Palast des Pharao. ¹⁵ Als aber das Geld in Egypten und Kena'an ausgegangen war, kamen alle Egypter zu Joseph und riefen: „Schaff uns Brot! oder sollen wir vor deinen Augen [Hungers] sterben? denn das Geld ist zu Ende! ¹⁶ Joseph antwortete: „Tretet eure Herden ab, so will ich euch Brotkorn ²¹²) dafür geben, da das Geld zu Ende ist." ¹⁷ Da brachten sie ihre Herden zu Joseph, und Joseph gab ihnen*

---

211) Der Abschnitt V. 13—26 ist in toto J zugewiesen, obschon ein strikter Beweis für die urspr. Zugehörigkeit zu dieser Quelle nicht zu führen ist. Jedenfalls aber ist das Material zu diesem Bericht nicht jungen Datums; auf die Ausscheidung der höchstwahrscheinlich darin vorhandenen späteren Zuthaten verzichten wir.

212) Nach der LA. לחם לכם mit LXX Sam. Vulg.

Brotkorn für die Rosse, die Schaf- und Rinderherden und für die Esel, und versorgte sie um den Preis aller ihrer Herden in selbigem Jahre mit Brotkorn. ¹⁸ *So ging das Jahr herum; im folgenden Jahre aber kamen sie wieder zu ihm und sprachen zu ihm: „Wir können dir nicht verhehlen, Herr: das Geld ist zu Ende, und der Besitz an Vieh ist an dich übergegangen. Nichts ist übrig, was du nehmen könntest, ausser unser Leib und unsere Aecker.* ¹⁹ *Sollen wir etwa vor deinen Augen zu Grunde gehen — wir und unsere Aecker? Kaufe uns und unsere Aecker um Brotkorn, so wollen wir samt unseren Aeckern dem Pharao fronpflichtig werden. Aber gieb Saatkorn her, damit wir am Leben bleiben und nicht sterben und die Aecker nicht zur Wüste werden."* ²⁰ *Da kaufte Joseph alle Aecker der Egypter für den Pharao; denn die Egypter verkauften Mann für Mann ihr Feld, weil die Hungersnot auf ihnen lastete; so kam das Land in den Besitz des Pharao.* ²¹ *Und was die Einwohner betrifft, so machte er sie zu Leibeigenen*[213]*), von einem Ende Egyptens bis zum andern.* ²² *Nur die Aecker der Priester kaufte er nicht an; denn die Priester bezogen ein festes Einkommen vom Pharao und lebten von dem festen Einkommen, welches ihnen der Pharao gewährte; infolge dessen verkauften sie ihre Aecker nicht.* ²³ *Da sprach Joseph zu den Landesbewohnern: „So habe ich euch also nunmehr samt euren Aeckern für den Pharao erkauft. Da habt ihr Saatkorn, damit ihr die Aecker besäen könnt.* ²⁴ *Aber von den Erträgnissen müsst ihr ein Fünftel an den Pharao abliefern; die andern vier Fünftel sollen euch verbleiben zum Besäen der Felder, sowie zu eurem Unterhalt und dem eurer Hausgenossen* und zur Ernährung eurer kleinen Kinder [214]*)."* ²⁵ *Da riefen sie: „Du hast uns das Leben gerettet! Möchten wir uns nur deiner Huld erfreuen, o Herr, so wollen wir [fortan] dem Pharao leibeigen sein!"* ²⁶ *So legte Joseph den Egyptern die noch jetzt bestehende Verpflichtung auf, dem Pharao von ihren Aeckern den Fünften abzuliefern*[215]*); nur die Aecker der Priester fielen dem Pharao nicht zu.*

213) Nach der LA. חעביד אתו לעברים bei LXX Sam. Vulg.

214) Wenn die Schlussworte, die bei LXX fehlen, von Haus aus zum Text gehören, wären sie mit Olshausen hinter ולאכלכם einzusetzen

27 *Jisrael aber blieb in Egypten, in der Provinz Goschen wohnen, und sie setzten sich darin fest und mehrten sich, so daß sie überaus zahlreich wurden.* **28** *Es lebte aber Ja'qob in Egypten* [noch] 17 Jahre, und es belief sich die Lebensdauer Ja'qobs, seine Lebensjahre, auf 147 Jahre. **29** *Als es nun mit Jisrael zum Sterben ging, liess er seinen Sohn Joseph rufen und sprach zu ihm: „Wenn ich dir etwas gelte, so lege deine Hand [zum Schwur] unter meine Hüfte und erweise mir die Liebe und Treue: begrabe mich nicht in Egypten!* **30** *Vielmehr möchte ich bei meinen Vorfahren liegen; darum sollst du mich wegbringen aus Egypten und mich beisetzen da, wo sie bestattet sind*[216]*." Da antwortete er: „Ich werde thun, wie du wünschest."* **31** *Da sprach er: „Schwöre mir!" Und er schwur ihm; Jisrael aber verneigte sich auf das Kopfende des Bettes hin.*

48 **¹ Nach diesen Begebenheiten berichtete man Joseph: dein Vater liegt krank. Da nahm er seine beiden Söhne, Menasche und Ephrajim, mit sich.** **²** **Als man nun dem Ja'qob meldete: dein Sohn Joseph ist angekommen,** — *da nahm Jisrael seine Kräfte zusammen und setzte sich im Bette auf.* **³** Und Ja'qob sprach zu Joseph: „El Schaddaj erschien mir zu Luz in Kena'an, segnete mich **⁴** und sprach zu mir: Ich werde dir eine zahlreiche Nachkommenschaft verleihen und will einen Haufen von Völkern aus dir hervorgehen lassen, und dieses Land werde ich deinen Nachkommen für immer zum Besitz verleihen. **⁵** Deine beiden Söhne aber, die dir in Egypten geboren worden sind, bevor ich zu dir nach Egypten kam, die sollen mir angehören: Ephrajim und Menasche — wie Re'uben und Schim'on sollen sie mir gelten! **⁶** Die Kinder aber, die du nachher erzeugt hast, sollen dir angehören; den Namen eines ihrer Brüder sollen sie führen in dem

---

215) Die Meinung des Berichts dürfte mit obiger Uebersetzung richtig wiedergegeben sein; doch ist לחםש (wofür LXX לחםָׁ zu lesen scheinen) ohne Zweifel korrumpierter Text. Die einfachste Verbesserung wäre חָםׂשָ; vergl. Dillm. z. d. St.

216) Wenn der urspr. Text von J, wie Wellh. annimmt, in V. 30 mit Rücksicht auf 48, 7 und 49, 30 f. (Q) abgeändert, resp. überhaupt in V. 29—31 unvollständig wiedergegeben ist, so wäre vor allem בקברם und was damit zusammenhängt auf Rechnung des R zu setzen (vergl. auch die folgende Note).

⁷ **Als ich von Paddan zurückkam, da starb mir Rachel unterwegs in Kena'an, als noch eine kurze Strecke Wegs bis Ephrat war, und ich begrub sie dort am Wege nach Ephrat,** das ist Bet Lechem ²¹⁷).
⁸ *Als aber Jisrael die Söhne Josephs erblickte*, **da fragte er: „Wer sind diese da?"** ⁹ **Joseph antwortete seinem Vater: „Es sind meine Söhne, die mir Elohim allhier geschenkt hat!"** *Da sprach er: „Bringe sie her zu mir, dass ich sie segne."* ¹⁰ *Es waren aber die Augen Jisraels stumpf vor Alter, so dass er nicht [deutlich] sehen konnte.* **Als er sie nun näher zu ihm herangebracht hatte, küsste und herzte er sie.** ¹¹ **Darauf sprach Jisrael** ²¹⁸) **zu Joseph: „Ich hätte nimmermehr daran gedacht, dich wiederzusehen: nun hat mich Elohim sogar Nachkommen von dir schauen lassen!"** ¹² **Hierauf liess sie Joseph wieder zurücktreten und neigte sich tief vor ihm.** ¹³ *Da nahm Joseph die beiden, den Ephrajim mit seiner Rechten, so dass er zur Linken Jisraels stand, und den Menasche mit seiner Linken, so dass er zur Rechten Jisraels stand und führte sie so zu ihm heran.* ¹⁴ *Da streckte Jisrael seine Rechte aus und legte sie auf das Haupt Ephrajims, obschon er der jüngere war, und seine Linke auf das Haupt Menasches, legte also seine Hände übers Kreuz, denn Menasche war der ältere.* ¹⁵ **Sodann segnete er Joseph und sprach: „Der Gott, vor dessen Angesicht meine Vorväter, Abraham und Jischaq, gewandelt haben, der Gott, der mein Hirte war, von meinem ersten Atemzuge an bis auf diesen Tag,** ¹⁶ **der Engel, der mich errettete aus allen Nöten, er segne die Knaben, und auch in ihnen soll mein Name und der meiner Vorväter, Abraham und Jischaq, fortleben, und sollen sich ungemein ver-**

---

217) V. 7 ist R zugewiesen; die Elemente mögen zum Teil aus J stammen, obschon die Kopie von 35, 16 und 19 auffällig ist. In welchem Zusammenhang aber dieses Fragment ursprünglich gestanden hat, ist nicht mehr sicher zu ermitteln. Immerhin verdient Beachtung die Annahme von Bruston (ZATW 1887, p. 206 ff.), der Vers habe bei J zwischen 47, 29 und 30 gestanden und die urspr. Meinung sei, dass Ja'qob (bei J) im Grabe Rahels (בקברתה) 47, 30 für בקברתם) beigesetzt zu werden wünsche; ausserdem sei für ספם zu lesen מחר.

218) Da der Vers, wie auch אלהים beweist, E zugehört, so muss Jisrael, weil vorher herrschender Name, von R für Ja'qob eingesetzt sein.

mehren auf Erden." ¹⁷ *Als nun Joseph wahrnahm, dass sein Vater seine rechte Hand auf das Haupt Ephrajims legte, da war ihm das störend; daher ergriff er die Hand seines Vaters, um sie vom Haupt Ephrajims hinüberzulegen auf das Haupt Menasches.* ¹⁸ *Dabei sprach Joseph zu seinem Vater: „Nicht so, lieber Vater; denn dieser da ist der Erstgeborne; lege deine Rechte auf sein Haupt!"* ¹⁹ *Sein Vater aber weigerte sich und sprach: „Ich weiss wohl, mein Sohn; ich weiss wohl! Auch er soll zu einem [ganzen] Volke und auch er soll mächtig werden. Aber bei alledem soll doch sein jüngerer Bruder mächtiger werden, als er, und seine Nachkommen sollen eine wahre Völkermenge werden."* ²⁰ Und er segnete sie an jenem Tage, indem er sprach: „Deinen Namen sollen die Jisraeliten brauchen, um Segen zu wünschen, indem sie sprechen: Elohim mache dich Ephrajim und Menasche gleich! und stellte so Ephrajim dem Menasche voran. ²¹ Hierauf sprach Jisrael zu Joseph: „Ich werde nun bald sterben, aber Elohim wird mit euch sein und euch in das Land eurer Väter zurückbringen. ²² Ich aber verleihe dir einen Bergrücken, den ich den Emoritern abgenommen habe mit meinem Schwert und Bogen, [damit du ihn] voraus [habest] vor deinen Brüdern."

49 ¹ *Da berief Ja'qob seine Söhne und*²¹⁹) *er sprach: Versammelt euch, damit ich euch verkündige, was euch in später Folgezeit widerfahren wird!* ² *Schart euch zusammen und hört zu, ihr Söhne Ja'qobs, ja höret zu eurem Vater Jisrael!*

³ *Re'uben! Mein Erstgeborener bist du, [der Sohn] meine[r] Kraft und der Erstling meiner Stärke — der erste an Hoheit und der erste an Macht.* ⁴ *[Doch] weil du von überwallender Leidenschaft, sollst du nicht der erste sein; denn du bestiegst das Bett deines Vaters, verübtest damals Entweihung — mein Lager hat er bestiegen!*

⁵ *Schim'on und Levi, die Brüder, — Werkzeuge des Frevels sind ihre . . .* ⁶ *Ich will nichts zu schaffen haben mit ihren Entwürfen, nichts gemein haben mit ihren Beschlüssen; denn in ihrem Zorn haben sie Männer gemordet und in ihrem Uebermut Stiere verstümmelt.* ⁷ *Verflucht sei ihr Zorn, dass er so heftig war, und ihr Grimm, dass er*

---

219) Die Zuweisung von 49, 1 b—27 an J¹ soll einfach ausdrücken, dass dieses Stück als einer der ältesten Bestandteile des Buches zu betrachten ist.

sich grausam erzeigte! Ich will sie verteilen in Ja'qob und zerstreuen in Jisrael.
⁸ *Jehuda, dich, dich werden preisen deine Brüder! Es packt deine Hand deine Feinde am Genick; vor dir werden sich beugen die Söhne deines Vaters.* ⁹ *Ein Löwenjunges ist Jehuda — vom Raubzug bist du, mein Sohn, hinaufgestiegen. Er hat sich gestreckt, gelagert, wie ein Löwe und wie eine Löwin: wer darf ihn aufreizen?* ¹⁰ *Nicht wird das Scepter von Jehuda weichen, noch der Herrscherstab aus seinen Händen, bis . . . . kommt und die Völker sich ihm unterwerfen.* ¹¹ *Er bindet an den Weinstock sein Eselsfüllen und an die Edelrebe das Junge seiner Eselin. Er wäscht in Wein sein Kleid und in Traubenblut sein Gewand,* ¹² *die Augen trübe von Wein und die Zähne weiss von Milch.*
¹³ *Zebulun wird am Meeresufer wohnen, am Gestade der Schiffe, während seine Flanke sich an Sidon lehnt.*
¹⁴ *Jissakhar ist ein [stark-]knochiger Esel, gelagert zwischen den Pferchen.* ¹⁵ *Und da er fand, dass Ruhe etwas schönes und [sein] Gebiet gar einladend sei, da beugte er seinen Nacken zum Lasttragen und wurde zum Fröner.*
¹⁶ *Dan wird Recht schaffen seinem Volk, wie irgend einer der Stämme Jisraels.* ¹⁷ *Dan wird eine Schlange an der Strasse sein, eine Hornviper am Wege, die das Ross in die Fersen beisst, so dass der Reiter rückwärts sinkt.* ¹⁸ *Auf dein Heil harre ich, Jahve!*
¹⁹ *Gad — Streifscharen scharen sich wider ihn; er aber drängt ihnen nach auf der Ferse.*
²⁰ *Ascher* ²²⁰) *lebt in Ueberfluss — ja Königsleckerbissen liefert er.*
²¹ *Naphtali ist eine freischweifende Hinde; von ihm kommen anmutige Reden* ²²¹).
²² *Ein junger Fruchtbaum ist Joseph, ein junger Fruchtbaum am Quell. [Seine] Schösslinge ranken empor an der Mauer.* ²³ *Es setzten ihm zu und schossen und es befehdeten ihn Pfeilschützen.* ²⁴ *Doch unerschütterlich hielt sein Bogen stand, und flink regten sich seine Hände, durch die Hilfe des Starken Ja'qobs* ²²²) . . . . . ²⁵ *vom Gott deines*

220) Nach der LA. אָשֵׁר für מאשר, dagegen vorher קָהָם.

221) Die Uebersetzung folgt der Punktation der Masora; nach anderer Punktation (אֵילָה für אילה und אִמְרֵי für אֹמֶר) wollen andere: N. ist eine schlanke Terebinthe — er, der schöne Wipfel treibt.

222) „Durch die Hilfe" etc., die Richtigkeit des Textes voraus-

*Vaters — er helfe dir! — und von El Schaddaj*²²³) *— er segne dich, mit Segensfülle vom Himmel droben, mit Segensfülle aus der Wassertiefe, die drunten lagert, mit Segensfülle aus Brüsten und Mutterschoss.* ²⁶ Die Segnungen, die deinem Vater wurden, überragten die Segensfülle der ewigen Berge²²⁴), die Pracht der ewigen Hügel. Möchten diese Segnungen fallen auf das Haupt Josephs und auf den Scheitel des Erlauchten unter seinen Brüdern!
²⁷ Binjamin ist ein räuberischer Wolf: am Morgen verzehrt er Raub und abends verteilt er Beute.

²⁸ Das alles find die Stämme Jisraels, zwölf an der Zahl, und das war es, was ihr Vater zu ihnen redete, und er segnete sie, und zwar segnete er jeden einzelnen ²²⁵) mit einem besonderen Segen. ²⁹ Und er gebot ihnen und sprach zu ihnen: „Wenn ich eingegangen bin zu meinen Stammesgenossen, so bringt mich in die Gruft meiner Vorfahren, in die Höhle auf dem Grundstück des Chittiters 'Ephron, ³⁰ in die Höhle auf dem Grundstück Makhpela, welches gegenüber Mamre liegt in Kena'an, das Grundstück, welches Abraham vom Chittiter 'Ephron zum Erbbegräbnis gekauft hat. ³¹ Dort haben sie Abraham und sein Weib Sara bestattet; dort haben sie Jischaq und sein Weib Ribqa bestattet, und dort habe ich [auch] Lea bestattet, ³² auf dem Grundstück, das mit der darauf befindlichen Höhle von den Chittitern erkauft wurde." ³³ Als aber Ja'qob mit den Aufträgen an seine Söhne zu Ende war, *legte er sich zurück auf das Bett,* verschied er und ging ein zu seinen Stammesgenossen.

50 ¹ *Da warf sich Joseph über seinen Vater her und weinte über ihn und küsste ihn.* ² *Sodann befahl Joseph den Aerzten, die ihm dienten, seinen Vater einzubalsamieren. Da balsamierten die Aerzte Jisrael ein.* ³ *Darüber vergingen 40 Tage, denn diesen Zeitraum erfordert das Einbalsamieren. Die Egypter aber hielten ihm 70 Tage lang die Totenklage.* ⁴ *Als nun die Klagezeit vorüber war, trug Joseph den Höflingen des Pharao*

---

gesetzt, welche weiterhin mit jedem Worte zweifelhafter wird. Wenn am Schluss des Verses wirklich vom „Hirten des Jisraelsteines" die Rede ist, so ist doch משם רעה etc. kein Hebräisch, das irgend jemand übersetzen kann.

223) Nach der LA. וְאֵל שׁ׳ mit LXX Sam. Syr. Vulg.
224) Nach der LA. הַרְרֵי־עַד mit LXX.
225) Nach der LA. אִישׁ אִישׁ für איש אשר.

die Bitte vor: „Wenn ich euch irgend etwas gelte, so legt für mich ein gutes Wort ein bei dem Pharao in folgender Angelegenheit: ⁵ *Mein Vater hat mir einen Eid abgenommen und gesagt: Ich werde nun bald sterben — in dem Grabe, das ich mir in Kenaʿan gegraben habe, dort sollst du mich beisetzen. Daher möchte ich nun hinziehen und meinen Vater bestatten — dann werde ich wiederkommen."* ⁶ *Da liess ihm der Pharao antworten: „Ziehe hin und bestatte deinen Vater gemäss dem Eid, den er dich hat schwören lassen."* ⁷ *So zog denn Joseph hin, um seinen Vater zu bestatten, und mit ihm zogen alle Untergebenen Pharaos, seine ersten Beamten und alle Würdenträger von Egypten,* ⁸ *dazu alle Angehörigen Josephs, sowie seine Brüder und die Angehörigen seines Vaters; nur ihre kleinen Kinder, sowie ihre Schafe und Rinder, liessen sie in der Provinz Goschen zurück.* ⁹ *Nicht minder begleiteten ihn Wagen und Reiter, so dass es ein ganz gewaltiger Zug war.* ¹⁰ *Als sie nun bis nach Goren-haʿatad gelangt waren, welches jenseits des Jordans liegt, hielten sie dort eine grosse und sehr feierliche Totenklage ab, und er veranstaltete für seinen Vater eine siebentägige Totenfeier*²²⁶). ¹¹ *Als aber die Bewohner des Landes, die Kenaʿaniter, die Totenfeier zu Goren-haʿatad gewahrten, sprachen sie: „Da findet eine grosse Totenfeier der Egypter statt."* *Von daher heisst der Ort Abel Misrajim; derselbe liegt jenseits des Jordans.* ¹² Seine Söhne aber verfuhren mit ihm, wie er ihnen geboten hatte. ¹³ Und zwar führten

---

226) V. 1—11 ist in toto J zugewiesen, obschon V. 10 b zweifellos eine Dublette zu dem vorhergehenden Satze ist. Diese Dublette dürfte übrigens zur Erkenntnis des Sachverhalts führen, der der jetzigen Komposition zu Grunde liegt. Nach dem einen Bericht war der Klage- (und ohne Zweifel auch Begräbnis-)Ort Goren ha-atad, nach dem andern Abel Misrajim, dessen Etymologie V. 11 b und 12 a gegeben wird. Verschmolzen sind beide Lokalitäten durch den Zusatz בגרן ראי hinter האבל V. 11. Da nun nach V. 11 Abel Misrajim im Bereich der Kenaʿaniter, also im Westjordanlande, liegt, so könnte אשר בעבר הירדן in der That nur von Goren ha-atad gelten, also nur in V. 10 ursprünglich sein. Aber selbst dies ist fraglich; denn aller Wahrscheinlichkeit nach haben sowohl J, wie E das Grab Jaʿqobs im Westlande gesucht.

ihn seine Söhne nach Kena'an über und bestatteten ihn in der Höhle auf dem Grundstück Makhpela, dem Grundstück, das Abraham von dem Chittiter 'Ephron zum Erbbegräbnis erworben hatte, gegenüber Mamre. ¹⁴ *Hierauf kehrte Joseph, nachdem er seinen Vater bestattet hatte, nach Egypten zurück, er und seine Brüder und alle, die mit ihm hingezogen waren, um seinen Vater zu bestatten.*

¹⁵ Da überlegten die Brüder Josephs — im Hinblick darauf, dass ihr Vater nun tot war —: Wenn nun Joseph etwa feindselig gegen uns auftreten und uns alles das Böse heimzahlen sollte, das wir ihm angethan haben? ¹⁶ Da schickten sie eine Abordnung an Joseph und liessen ihm sagen: „Dein Vater hat uns vor seinem Tode angewiesen: ¹⁷ Saget Joseph: ach vergieb doch deinen Brüdern ihre Sünde und Verschuldung, dass sie dir Böses angethan haben! Also vergieb uns, die wir [ja auch] den Gott deines Vaters verehren, unsere Sünde!" Da weinte Joseph, als sie so zu ihm sprachen. ¹⁸ Hierauf gingen seine Brüder selbst hin, warfen sich vor ihm nieder und sprachen: „Hier, nimm uns zu Leibeigenen!" ¹⁹ Joseph aber erwiderte ihnen: „Seid getrost! denn bin ich etwa an Elohims Statt? ²⁰ Ihr freilich sannet Böses wider mich; Elohim aber hat es zum Guten gewendet, um auszuführen, was jetzt vorliegt — viele Menschen am Leben zu erhalten. ²¹ Seid also nur getrost! Ich werde für euren und eurer Kinder Unterhalt sorgen." So tröstete er sie und sprach ihnen Mut ein.

²² Es blieben aber Joseph und [alle], die zur Familie seines Vaters gehörten, in Egypten wohnen, und Joseph wurde 110 Jahre alt. ²³ Und Joseph erlebte von Ephrajim Urenkel; auch Makhir, dem Sohne Menasches, wurden bei Lebzeiten ²²⁷) Josephs Söhne geboren. ²⁴ Joseph aber sprach zu seinen Brüdern: „Wenn ich längst tot bin, wird sich Elohim eurer annehmen und euch aus diesem Lande in das Land bringen, das er dem Abraham, Jischaq und Ja'qob zugeschworen hat." ²⁵ Da liess Joseph die Söhne Jisraels schwören und sprach: „Wenn sich Elohim dereinst eurer annehmen wird, müsst ihr meine Gebeine von hier wegbringen." ²⁶ Und Joseph starb 110 Jahre alt. Da balsamierten sie ihn ein und legten ihn [dort] in Egypten in einen Sarg.

---

227) Nach der LA. בְּיָמֵי für עַל־בִּרְכֵּי mit Sam.